COMO DESARMAR
A CULTURA
WOKE

CHARLES PINCOURT   JAMES LINDSAY

COMO DESARMAR A CULTURA *WOKE*

MANUAL DE CAMPO PARA RECUPERAR O BOM SENSO.

Tradução
FÁBIO ALBERTI

COPYRIGHT © FARO EDITORIAL, 2024
COPYRIGHT © 2021 BY CHARLES PINCOURT & JAMES LINDSAY
THIS EDITION PUBLISHED BY ARRANGEMENT WITH SUSAN SCHULMAN LITERARY AGENCY LLC, NEW YORK.

Todos os direitos reservados.

Avis Rara é um selo da Faro Editorial.

Nenhuma parte deste livro pode ser reproduzida sob quaisquer meios existentes sem autorização por escrito do editor.

Diretor editorial **PEDRO ALMEIDA**
Coordenação editorial **CARLA SACRATO**
Assistente editorial **LETÍCIA CANEVER**
Tradução **FÁBIO ALBERTI**
Preparação **ARIADNE MARTINS**
Revisão **BARBARA PARENTE E GABRIELA DE AVILA**
Imagem de capa **ISAAC LUGALIA ARTS| SHUTTERSTOCK**

Dados Internacionais de Catalogação na Publicação (CIP)
Jéssica de Oliveira Molinari CRB-8/9852

Lindsay, James
   Como desarmar a cultura Woke : manual de campo para recuperar o bom senso / James Lindsay, Charles Pincourt ; tradução de Fábio Alberti. — São Paulo : Faro Editorial, 2024.
   96 p.

   Bibliogafia
   ISBN 978-65-5957-630-2
   Título original: Counter wokecraft: a field manual for combatting the woke in the university and beyond

   1. Ciências sociais 2. Ensino superior – Aspectos sociológicos 3. Ensino superior – Aspectos políticos I. Título II. Pincourt, Charles III. Alberti, Fábio

24-2905   CDD 300

Índice para catálogo sistemático:
1. Ciências sociais

1ª edição brasileira: 2024
Direitos de edição em língua portuguesa, para o Brasil, adquiridos por FARO EDITORIAL

Avenida Andrômeda, 885 — Sala 310
Alphaville — Barueri — SP — Brasil
CEP: 06473-000
www.faroeditorial.com.br

SUMÁRIO

Prefácio 7

Introdução 11

1. ENTENDENDO O *WOKE* 13

1.1 O que é *woke*? 13

1.2 A visão de mundo *woke* 13

1.3 O éthos *woke* 16

1.4 A opressão é uma sequência contínua 17

1.5 O projeto político *woke* 19

1.6 Tipologia dos participantes relacionados ao *woke* 20

2. O ESTRATAGEMA *WOKE* 24

2.1 Os principais conceitos do estratagema *woke* 24

2.2 Princípios do estratagema *woke* 27

2.3 As principais ferramentas do estratagema *woke* 30

2.4 Microtáticas *woke* 32

2.5 Resumo das microtáticas *woke*: subterfúgio, apoio
excessivo e eliminação da dissidência 48

2.6 A grande tática: infecção viral *woke* 49

3. CONTRA O ESTRATAGEMA *WOKE* **53**

3.1 Como identificar a armadilha *woke* antes que seja
tarde demais 53

3.2 O combate ao estratagema *woke*: abordagens gerais..... 57

3.3 Identificando aliados 63

3.4 Do contato ao trabalho em conjunto para deter
o estratagema *woke*. 68

3.5 A coordenação com aliados para combater o
estratagema *woke* 70

3.6 Semeando dúvida sobre a perspectiva da Justiça Social
Crítica. 73

3.7 Formalizando reuniões 79

3.8 Estratégias para facilitar a dissidência do
estratagema *woke* 81

3.9 Voto secreto para combater o estratagema *woke* 83

3.10 Certifique-se de que a votação secreta seja
transparente, livre e justa. 86

3.11 Como ganhar uma votação 88

Conclusão 90

Agradecimentos. 92

Referências bibliográficas 93

Notas 95

PREFÁCIO

A civilização ocidental está sendo colonizada ideologicamente. Na verdade, ela está próxima de ser colonizada ideologicamente, e só agora, com esse processo em estágio avançado, as pessoas estão despertando para o fato. Um vasto movimento ideológico assumiu sorrateiramente o controle da maioria das instituições mais nobres e vitais da nossa sociedade, entre as quais a educação e as universidades. As pessoas em quase todos os setores da vida se sentem com frequência paralisadas e indefesas agora que essa ideologia está em voga e exerce o poder institucional que tomou.

Dar o nome correto a essa ideologia é difícil. O nome derivado da sua própria literatura — "Justiça Social em Perspectiva Crítica" — é provavelmente o mais refinado; por outro lado, o nome "Construtivismo Crítico" é mais preciso. Porém a maioria de nós emprega uma gíria para essa ideologia: *woke*. A palavra diz respeito a ser "acordado" ou "despertado" para as supostas verdades da "dinâmica do poder sistêmico" que organiza a sociedade. Essas supostas dinâmicas de poder seriam responsáveis pela criação do que os sociólogos chamam de "estratificações" na sociedade, algo semelhante a classes altas e baixas (dependendo de quem tem "privilégios" e de quem é "oprimido" por diversas dinâmicas de poder), como racismo sistêmico (ou supremacia branca), sexismo sistêmico (ou patriarcado ou misoginia), cis-heteronormatividade, e assim por diante. Certa desonestidade também está presente nessa argumentação, pois muitas vezes se recorre a um jargão técnico denso para descrever as dinâmicas de poder, e as palavras usadas parecem um tanto distorcidas e distantes do seu significado original. O espírito marxista dessa argumentação — que vê essas dinâmicas como estruturas e locais de conflito obrigatório — também é óbvio, mas é difícil de especificar.

A ideologia *woke* (denominação que usaremos aqui) parece ter despontado nos últimos anos, por isso a maioria das pessoas ignora o fato de que ela tem (dependendo de como se conta) história e trajetória de cem ou duzentos anos

COMO DESARMAR A CULTURA *WOKE*

buscando derrubar o sistema organizacional das sociedades ocidentais liberais. Colonizar e mudar as instituições desde seu interior e depois usá-las contra a própria sociedade que as produziu é uma estratégia deliberada empregada pelo menos desde os anos de 1920, quando o teórico comunista albanês-italiano Antônio Gramsci começou a esquematizar as ideias que na década de 1960 foram denominadas "a longa marcha pelas instituições" (por outro pensador marxista, Rudi Dutschke). Ou seja, a maioria das pessoas — incluindo as que estão despertando para a realidade dessa tomada de poder ideológica — permanece perigosamente alheia ao fato de que a ideologia *woke* é o auge de uma longa série de planos que nos últimos anos, enfim, tem produzido frutos, sobretudo por meio da sua silenciosa tomada do poder institucional.

Tendo em vista que a ideologia *woke* se baseia em planos estratégicos desenvolvidos, testados e utilizados de maneira sistemática no decorrer de um século pelo menos, é preciso reconhecer e compreender que ela possui táticas, especialmente para se introduzir sutilmente nas instituições e se apoderar delas a partir de dentro. Essas táticas, que incluem manipulações sutis e estratégicas e o controle de posições influentes e da elaboração de políticas, podem ser merecidamente chamadas de manobras *woke*, da mesma forma que a espionagem recorre a instrumentos e táticas que chamamos de "manobras de espionagem". A boa notícia é que essas táticas, ainda que complicadas e enganosas, são compreensíveis, previsíveis e podem ser enfrentadas; e este livro, preparado por Charles Pincourt com a minha ajuda, é uma contribuição de grande valor para que se possa entender, identificar e, em última análise, combater as manobras *woke* onde quer que elas se manifestem, sobretudo em centros de poder institucional.

Pincourt é um acadêmico, e o seu ambiente é a universidade; por isso este útil manual de campo é adaptado para essa instituição, na qual hierarquias administrativas e políticas e comitês comandam. Porém as lições contidas neste pequeno livro se universalizam de imediato, e podem ser aplicadas ao longo da vida em qualquer ambiente corporativo, administrativo ou em outra política burocrática que seja relevante — governo, ensino fundamental e médio, mundo corporativo, igrejas e até grupos formais de afinidade e de *hobby*. Isso faz deste manual de campo uma contribuição de grande importância neste momento em que as pessoas estão prontas e ansiosas para combater a ideologia *woke* se valendo de todos os meios legais.

No primeiro capítulo, você encontrará uma definição clara e útil da ideologia *woke* e entenderá como essa ideologia enxerga o mundo. Isso o ajudará a entender a ideologia *woke* o bastante para poder determinar o que ela é e por que faz o que faz. No segundo capítulo, fornecemos uma descrição completa de diversas táticas do estratagema *woke* em ambientes administrativos. Os leitores serão

PREFÁCIO

preparados para identificar as táticas de manipulação *woke* em tempo real e serão dotados de meios para repelir essas táticas ou anulá-las. No terceiro capítulo, são oferecidas contraestratégias que lhe permitirão evitar ser novamente ultrajado pela ideologia *woke* e recuperar terreno institucional já tomado por essa ideologia. Este trabalho como um todo é de leitura fluente, objetiva e extremamente útil na atual conjuntura das sociedades ocidentais.

É minha esperança, e de Charles também, que este pequeno e acessível volume chegue ao maior número possível de mãos e seja útil para descolonizar as nossas instituições, isto é, para remover delas a ideologia *woke* e as influências do estratagema *woke* e reconstruir os valores liberais. Este guia foi feito para as pessoas que buscam entender melhor a ideologia *woke* — Justiça Social em Perspectiva Crítica — e combatê-la.

JAMES LINDSAY

INTRODUÇÃO

Sou professor de uma grande universidade norte-americana. Escrevo este manual sob o pseudônimo de Charles Pincourt. Escrevo porque estou perplexo com a situação das universidades. Eu gostaria de ajudar as pessoas a compreenderem o que há de errado com nossas universidades e de mostrar a elas, pelo menos às que forem acadêmicas, como podem reverter essa situação. Criei um blog em outubro de 2020. Este livro, ou manual, é uma compilação de postagens reformuladas do meu blog desde o seu início até abril de 2021. O objetivo deste manual é ajudar aqueles que estão preocupados com o panorama, mas que não estão muito familiarizados com a questão; aqueles que percebem que há algo errado, mas não têm base para entender e resistir à Justiça Social em Perspectiva Crítica (ou Justiça Social Crítica) que tem assumido o comando das universidades.

Embora este manual se destine a acadêmicos em ambiente acadêmico, acredito que grande parte dele possa ser aplicada para outros ambientes de trabalho. A disposição de James Lindsay de colaborar com esta obra e apoiá-la mostra que ele também acredita que ela seja relevante fora do ambiente universitário. Eu me concentro no ambiente universitário porque é o que eu conheço. O livro se baseia em um grande número de pesquisas sobre a perspectiva e o movimento da Justiça Social Crítica. Baseia-se também em minha experiência acadêmica e minha visão em relação ao fato de os defensores da Justiça Social Crítica promoverem sua causa na universidade.

O objetivo é ajudar os interessados a entenderem o ponto de vista da Justiça Social Crítica (o que a motiva), a identificarem quando e como ela faz investidas e a resistirem e impedirem-na de se apossar do seu departamento, da faculdade ou da universidade. Muitos diriam que é tarde demais. Embora tenham acontecido muitas investidas, a tomada de poder ocorreu em grande parte no âmbito das artes plásticas, das humanidades e na maior parte da área de ciências sociais. Nessas disciplinas, será difícil reverter esse estado de coisas, mas não é tarde demais para proteger as faculdades de ciências, de engenharia e de administração.

1.
ENTENDENDO O *WOKE*

1.1 O QUE É *WOKE*?

Woke é um termo que se aplica a uma visão de mundo e também às pessoas que são iniciadas nessa visão de mundo e a ela aderem. Essa concepção de mundo é conhecida sob mais de um nome: Perspectiva Crítica, Justiça Social e Justiça Social Crítica (JSC). Ela é descrita na Seção 1.2 mais adiante. Trata-se de um amálgama da teoria crítica e da teoria pós-moderna. A palavra "woke" (passado simples do verbo "wake", "acordar") pretende significar "acordado" para a visão de mundo da Justiça Social Crítica.

Embora esse termo derive da perspectiva da Justiça Social Crítica e seja usado com orgulho como um nome de autoidentificação, ele é empregado de modo pejorativo entre os críticos da JSC. Reluto em usá-lo em virtude das suas conotações pejorativas. Por outro lado, é difícil encontrar outro termo que seja tão sucinto e fácil de compreender. Por isso, farei uso dessa palavra ao longo do livro, embora com relutância. A definição que darei para "Woke" é esta: pessoas que têm consciência da perspectiva da Justiça Social Crítica e que aderem a ela.

1.2 A VISÃO DE MUNDO *WOKE*

A visão de mundo *woke* abarca na realidade muitas teorias diferentes relacionadas à desigualdade entre grupos distintos na sociedade. Desse modo, o termo abrange Teoria Crítica da Raça, Teoria *Queer*, Teoria Pós-Colonial e Estudos sobre o Obeso, para mencionar alguns dos principais. A maior diferença entre as diversas abordagens ligadas à Justiça Social Crítica de fato diz respeito ao grupo no qual as teorias se concentram. A Teoria Crítica da Raça foca os negros, a Teoria *Queer*

COMO DESARMAR A CULTURA *WOKE*

foca pessoas não cisgênero, a Teoria Pós-Colonial foca os povos colonizados ou previamente colonizados, e assim por diante.

A literatura da Justiça Social Crítica (*woke*) é vasta. A grande maioria dessa produção é bastante técnica; assim, até mesmo livros de teor geral (como o de BEST, 1991) sobre o assunto são densos e de difícil entendimento para o leitor comum. De mais a mais, os trabalhos sobre o tema são em sua maioria escritos por acadêmicos que se associam à perspectiva *woke*, o que dificulta a compreensão desses textos. Recentemente houve algumas tentativas de descrever o movimento de Justiça Social Crítica sob outra perspectiva, mas dentro do âmbito universitário (por exemplo, HICKS, 2011) e sob outra perspectiva e fora do âmbito universitário (como PLUCKROSE e LINDSAY, 2020). Constatei que as *Teorias cínicas* são as melhores que eu já conheci, sobretudo devido à sua capacidade de agregar as diversas tendências da Justiça Social Crítica, bem como de produzir uma meta-análise extraindo os elementos essenciais que unem as tendências. Por isso adoto (e adapto) o sistema de Pluckrose e Lindsay para entender a visão de mundo *woke*.

Mas qual é a perspectiva *woke*, afinal? Há em última análise três princípios fundamentais que aglutinam as muitas formas diferentes de *woke*: o princípio do conhecimento, o princípio político e o princípio do sujeito. Os dois primeiros princípios foram cunhados por Pluckrose e Lindsay em *Teorias cínicas*. Eu cunhei o terceiro (PINCOURT, 2021b). O princípio do conhecimento contém alguns elementos importantes. O primeiro deles é que, embora a própria realidade não seja negada nem questionada, acredita-se que seja impossível conhecermos a sua verdadeira natureza. É impossível que conheçamos a verdadeira natureza da realidade porque qualquer conhecimento que acreditemos ter é na verdade apenas "socialmente construído", definido (por meio da linguagem) pela cultura na qual vivemos. É crucial para esse princípio o fato de que culturas diferentes têm diferentes entendimentos acerca da natureza do mundo. Depois que examinarmos o princípio político, a importância desse último aspecto ficará mais clara.

Segundo o princípio político, o conhecimento não é construído apenas socialmente, mas é também construído por grupos opressores na sociedade à custa de grupos oprimidos. O conhecimento é construído mediante a linguagem cujas regras são também estabelecidas por grupos com poder para fazer isso, ou seja, grupos opressores. Além do mais, o conhecimento é construído de maneira a ajudar a manter a função opressiva dos grupos opressores e a impedir que os grupos oprimidos se libertem da sua opressão.

Esse pensamento leva a entender que não apenas todo conhecimento é construído socialmente como também é, por definição, tendencioso e não pode ser

ENTENDENDO O *WOKE*

uma representação exata da realidade. Somado ao fato de que diferentes culturas têm diferentes entendimentos da natureza do mundo, isso significa que nenhuma visão de mundo é mais dominante do que outra. Dessa maneira, todas as visões de mundo se equivalem (do ponto de vista epistêmico) quanto à capacidade de conhecer qualquer coisa a respeito da realidade e simplesmente correspondem a diferentes "histórias" sobre a realidade. Assim, por exemplo, a visão de mundo científica não tem maior crédito para compreender a realidade do que qualquer outra "história". Em outras palavras, uma concepção de mundo científica não é mais legítima do que uma concepção de mundo religiosa; não é mais legítima nem mesmo do que uma concepção de mundo supersticiosa. Além disso, a concepção de mundo científica (desenvolvida por homens europeus brancos) constrói o conhecimento sobre a realidade de modo a perpetuar sistemas opressivos que beneficiam homens europeus brancos opressores. Disso se conclui que até os recursos utilizados para compreender o mundo segundo a concepção científica, tais como lógica, argumento, evidência, hipótese, experimentos controlados etc., servem para perpetuar a opressão.

De acordo com o princípio do sujeito (PINCOURT, 2021b), os indivíduos são definidos principalmente por sua identidade de grupo (branco, feminino, negro, europeu, cisgênero etc.), o que significa que eles estão sujeitos ao seu grupo identitário na sociedade — motivo pelo qual dou a isso o nome de princípio do sujeito (é assim que os adeptos do pós-estruturalismo, também conhecido como (alto) pós-modernismo, frequentemente se referem aos indivíduos, isto é, como sujeitos). Isso sugere que as pessoas são opressoras ou oprimidas segundo o grupo/grupos com os quais se identificam. Sugere também que as pessoas se comportam principalmente segundo a identidade do grupo e (juntamente com o princípio político) que o seu comportamento reforça e ajuda a perpetuar de maneira inconsciente os sistemas opressores que as cercam. As pessoas brancas, por exemplo, simplesmente não podem deixar de se comportar de forma a perpetuar a sua opressão sobre pessoas não brancas na sociedade. É importante observar que também significa que pessoas negras se comportam de modo a perpetuar a sua opressão, embora de uma perspectiva diferente, e que é um dos motivos pelos quais eles se comportam de modo diferente dos brancos.

Uma consequência desse princípio é que, tendo em vista que o comportamento individual é definido pela identidade de alguém, os indivíduos são responsáveis por atos associados a qualquer identidade à qual estejam ligados. Sendo assim, os atos opressores de um integrante de um grupo são os atos opressores de todos os membros desse grupo. Por fim, essa responsabilidade tem aplicação através do tempo. O ato opressivo do integrante de um grupo em dado

COMO DESARMAR A CULTURA *WOKE*

momento pode ser atribuído a uma identidade de grupo (e aos seus integrantes) em outro momento.

Considerando tudo, podemos deduzir que, segundo a concepção de mundo *woke*, a realidade... é um grande lixo. Temos uma realidade habitada por sujeitos individuais com pouca autonomia pessoal levados a se comportarem de acordo com os seus grupos de identidade. Os grupos e os sujeitos que os integram ou são opressores ou são oprimidos, e todos, conscientemente ou não, comportam-se no sentido de perpetuar os padrões de opressão — minha nossa!

1.3 O ÉTHOS *WOKE*

Compreender o avanço da Justiça Social em Perspectiva Crítica nas universidades da América do Norte é difícil sem que se compreenda o éthos (crenças orientadoras) *woke*. O éthos está intimamente ligado à visão de mundo *woke*. Quando uma pessoa adere à macabra visão de mundo *woke* e é particularmente sensível aos fundamentos morais de cuidado/dano (ver HAIDT, 2012) — característica dos que são da esquerda política —, a ética se volta naturalmente para a oposição à opressão.

Tendo em vista (de acordo com a Justiça Social Crítica) que a opressão e as estruturas opressivas impregnam toda a nossa existência, muitas são as oportunidades para a oposição à opressão. Além de existirem muitas oportunidades para fazer isso, um aspecto importante do éthos é o fato de ser preciso se opor energicamente a ela. Mais recentemente, a necessidade de fazer oposição à opressão foi substituída pela ideia de que você é cúmplice da opressão se não se opuser a ela.

O zelo e o fanatismo desse movimento nas universidades chamam a atenção. O fervor gerado pelo movimento, a necessidade moral de fazer oposição à opressão e o ceticismo e a relatividade epistêmica radical têm consequência lógica na universidade moderna: ativismo. Com efeito, o éthos *woke* considera o ativismo uma função legítima e fundamental para um acadêmico.

Nos dias de hoje, não são poucos os exemplos dessa "oposição à opressão" e do ativismo acadêmico, seja por meio de protestos da Antifa ou da Black Lives Matter, da desplataforma de pessoas com perspectivas incompatíveis com a Justiça Social Crítica ou o cancelamento de professores universitários por empregarem palavras consideradas inaceitáveis. No âmbito da universidade e do corpo docente, esse éthos é baseado na transferência da importância dos meios marxistas de produção para os meios neomarxistas de produção cultural ou epistêmica; do chão de fábrica à torre de marfim. Também está intimamente ligado à noção de Dutschke da "longa marcha através das instituições".

ENTENDENDO O *WOKE*

Na verdade, a oposição à opressão nas universidades serve a dois objetivos. O primeiro deles é livrar as universidades de visões de mundo antiquadas concebidas por homens europeus opressores que buscam perpetuar o próprio privilégio. O segundo objetivo é substituir esses homens por pessoas que se aliem à perspectiva da Justiça Social Crítica. Assim sendo, e considerando que as universidades estão altamente impregnadas pela opressão (cada pessoa, cada programa, cada classe, cada processo administrativo), há um número infinito de "lugares" de opressão a partir dos quais é necessário fazer oposição. Em decorrência disso, praticamente cada interação, cada função deve ser desafiada, problematizada e reprovada. É por isso que o professorado *woke* tentará fazer oposição, impedir e coagir nos moldes da Justiça Social Crítica tudo sobre o qual possam ter influência — ou seja, todos os planos de estudos, todos os programas de curso e todos os procedimentos administrativos.

Considerando a importância de controlar os meios de produção cultural e epistêmica, a contratação de um professor é a recompensa mais desejável e um ato que muitas vezes leva a um conflito mais intenso. Serão empregados todos os meios para assegurar que um professor *woke* seja contratado, e para garantir que um bolsista não *woke* não seja matriculado. Essa oposição tem galgado degraus na hierarquia e na burocracia da universidade, em departamentos, faculdades, administrações universitárias, jornais, associações disciplinares, agências governamentais de financiamento e departamentos do governo.

1.4 A OPRESSÃO É UMA SEQUÊNCIA CONTÍNUA

A seção 1.3 descreveu a crença da Justiça Social Crítica de que a opressão está em todos os lugares. Contudo, o fato de estar em todos os lugares não implica que toda opressão seja igual. A opressão pode ser vista de maneira agregada ou desagregada. Considerar a opressão de maneira desagregada envolve levar em conta a quantidade de opressão numa dada ação.

A quantidade de opressão em dada ação pode ser vista em uma sequência contínua. A sequência contínua de opressão desagregada pode ser vista como uma variedade de atos, em linhas gerais insultos relativamente sem importância (microagressões) até discriminação salarial, tortura, violência, violência sexual e homicídio/ genocídio. Pode-se considerar que atos individuais de opressão indiquem formas de opressão mais gerais e abrangentes, porém a opressão de atos individuais pode em última análise receber classificação.

Evidentemente, as pessoas não experimentam um único ato de opressão apenas, elas são tipicamente vistas experimentando (muitos) atos diferentes de opressão. Em consequência disso, a opressão é mais tipicamente vista como agregada. O nível total de opressão agregada pode também ser visto numa sequência contínua. A quantidade de opressão que afeta diferentes grupos pode ser resumida segundo várias características diferentes de identidade de grupo, tais como sexo, cor da pele, gênero, orientação sexual, capacidade auditiva, e assim por diante.

Dessa maneira, as mulheres sofrem determinada quantidade de opressão, e os negros sofrem outra opressão. Além do mais, as identidades (e a opressão portanto) podem se sobrepor. Assim, a mulher negra sofre a opressão de ser mulher e também a opressão de ser negra. E, além de tudo isso, uma mulher negra experimenta a opressão de ser uma mulher negra. Trata-se de um tipo especial de opressão que se soma à opressão sofrida por ser apenas negra e por ser apenas mulher. Afirma-se, então, que para entender e avaliar a opressão é necessário levar em conta a "interseção" das identidades (e da opressão) para qualquer indivíduo (Crenshaw, 1990).

As identidades podem ser combinadas em uma "matriz de opressão". As matrizes de opressão podem ser utilizadas para a compreensão e a avaliação da opressão que um indivíduo sofre de acordo com sua sobreposição de associação a grupos. É claro que existem alguns grupos de pessoas que não sofrem opressão, mas experimentam o contrário: o privilégio. Considera-se que brancos, homens e heterossexuais não experimentam opressão, mas sim privilégio. Desse modo, pode-se enxergar a opressão numa sequência contínua com os mais oprimidos encontrando-se na interseção de muitas identidades de diferentes grupos oprimidos (por exemplo: indígenas, mulheres, lésbicas). No extremo oposto estão aqueles com interseções de privilégio, como homens brancos heterossexuais. Cada indivíduo pode ser encontrado ao longo da sequência contínua da opressão. A Figura 1.1 mostra um esquema dessa sequência. As identidades e a localização na sequência contínua de opressão apresentadas aqui são sugestivas e não necessariamente definitivas.

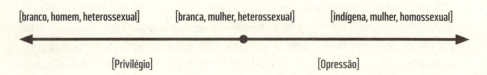

Figura 1.1: Esquema estilizado da sequência contínua de privilégio e opressão.

ENTENDENDO O *WOKE*

1.5 O PROJETO POLÍTICO *WOKE*

A concepção de mundo e o éthos *woke* ganharam consistência por meio do projeto político da redistribuição compensatória de recursos de acordo com a identidade de grupo conhecido como "equidade". A redistribuição busca avançar fluindo de grupos "opressores" para grupos historicamente "oprimidos".

O projeto de "equidade" não costuma ser apresentado dessa forma. É mais comum que a redistribuição de recursos segundo a identidade do grupo seja apresentada como "justa" a fim de que desequilíbrios históricos sejam "corrigidos". Assim, sua justificativa reside na sugestão de que o objetivo será alcançado quando os desequilíbrios forem corrigidos. Os próprios desequilíbrios podem ser avaliados com base em um sem-número de critérios: cátedras, financiamento para pesquisas, citações etc.

Isso significa, por exemplo, que as cátedras juntamente com todas as áreas em que podem ser classificadas (universidade, faculdade, departamento, disciplina etc.) devem ser destinadas a diferentes grupos de identidade de acordo com sua representação em determinada população-alvo. O alvo muitas vezes não é especificado, mas quando o é pode ser a população nacional, a estadual ou a universitária. Na prática, isso implica que 51% das cátedras em todos os departamentos devem se destinar a mulheres, 13% (nos Estados Unidos) devem se destinar a negros, e assim por diante. Desviar-se dessa meta em qualquer dimensão é considerado sinal de intolerância, de acordo com o grupo identitário em questão (sexista se for em relação à cota de mulheres, racista se for em relação à cota de negros etc.) Contudo, cada vez mais o objetivo de reparar desequilíbrios históricos abre caminho para a desforra. Há grande evidência disso em todo o universo acadêmico na América do Norte, já que as universidades não procuram mais alcançar as metas, mas sim superá-las. Por exemplo, o plano estratégico da Universidade Lehigh para a diversidade, a equidade e a inclusão busca "satisfazer ou exceder a diversidade da faixa demográfica nacional para o grupo docente contratado no próximo período de cinco anos".[1] Também a Universidade Carleton, do Canadá, tem como objetivo "atingir e superar continuamente todas as metas de justiça nas contratações"[2] para seus cargos de cátedras de pesquisa com financiamento do governo federal.

COMO DESARMAR A CULTURA *WOKE*

1.6 TIPOLOGIA DOS PARTICIPANTES RELACIONADOS AO *WOKE*

Universidades são compostas de estudantes, corpo docente, equipe de funcionários e administradores. De diversas maneiras, todos eles têm participação nas decisões que afetam a administração de uma universidade. O corpo docente desempenha o papel mais importante e tem maior influência, pois tem muito tempo de existência e se encontra em vários níveis hierárquicos da universidade, incluindo a maioria dos postos administrativos. Falaremos aqui dos membros das comunidades universitárias que podem ter influência como "participantes" nas decisões, na política e no controle da universidade. No que diz respeito à influência da perspectiva *woke*, os participantes podem ser classificados dentro de seis categorias: os *woke*, os admiradores do *woke*, os oportunistas, os dissidentes, os potenciais dissidentes e os não iniciados.

1.6.1 OS *WOKE*

Os *woke* são pessoas conscientes da perspectiva da Justiça Social Crítica e que aderem a ela. Aderir à Justiça Social Crítica significa também que concordam com ela. Sendo assim, essa definição tem três dimensões, e as dimensões são as seguintes: conhecimento, consciência de adesão e consentimento com a perspectiva da Justiça Social Crítica.

Na maior parte das vezes, os *woke* vêm das áreas de artes plásticas, de humanidades ou de ciências sociais, ambientes nos quais foram introduzidos, treinados e radicalizados pela perspectiva da Justiça Social Crítica. Restam ainda alguns setores das ciências sociais que não foram totalmente incorporados à perspectiva da Justiça Social Crítica (por exemplo, economia, algumas subdisciplinas quantitativas de psicologia, ciência política e filosofia), portanto alguns participantes dessas áreas não são *woke*.

1.6.2 OS ADMIRADORES DO *WOKE*

Os admiradores do *woke* não são treinados na Teoria Crítica da Justiça Social e não têm familiaridade com ela. Alguns deles são completamente alheios a essa teoria, enquanto outros podem saber da sua existência, mas não sabem muito mais do que isso. Embora os admiradores do *woke* pouco saibam a respeito da Justiça Social Crítica, eles aderem à perspectiva e concordam com ela, ou com os seus critérios, pelo menos. Por exemplo, os admiradores do *woke* concordarão integralmente com

ENTENDENDO O *WOKE*

iniciativas relacionadas a "diversidade, equidade e inclusão", tais como ações afirmativas e reparações. Eles também costumam concordar com doutrinas como o racismo sistêmico (e acreditar nelas) e apoiam os avanços do *woke*. Politicamente, eles se alinham com a (extrema) esquerda, são coletivistas e intervencionistas em suas perspectivas e com frequência são anticapitalistas. Os admiradores do *woke* tendem a vir das ciências naturais ou de outras disciplinas quantitativas, sobretudo aquelas com vocação ambiental, tais como ciências ambientais, ciências climáticas etc.

Os professores dessas disciplinas estão inclinados a ser admiradores do *woke* por três motivos. Em primeiro lugar, na maioria das vezes eles são bem-intencionados. Eles apoiam a "justiça social" e não percebem nem entendem a diferença entre a justiça social tradicional e a Justiça Social Crítica. Eles acreditam que a Justiça Social Crítica defende a evolução virtuosa da justiça social desenvolvida por pessoas (estudiosos) que concentraram sua atenção nela.

Em segundo lugar, especialmente para professores com vocação ambiental, as perspectivas da Justiça Social Crítica e as ambientais se encaixam em diversas questões, particularmente no que toca à torpeza moral da sociedade capitalista ocidental e liberal. Tal associação raras vezes tem motivação teórica, pois os admiradores do *woke* não têm de fato um cânone teórico que se compare à Justiça Social Crítica, em virtude do seu treinamento dominado pelas ciências naturais. Tendo em vista que é um comportamento teoricamente motivado, é provável que tenha havido influência de vários tons de marxismo "vermelho e verde" (ver, por exemplo, BAHRO, 1984; BOOKCHIN, 1982) ou do catastrofismo ambientalista "científico" (como Carson, 2002).

Em terceiro lugar, os admiradores do *woke*, bem como os próprios professores *woke*, costumam ser "voltados para a ação" — isto é, eles creem ter uma grande vocação moral e ativista. O resultado disso é que, embora muitas vezes sejam treinados em campos científicos (ou quantitativos) positivistas, eles ficam desorientados porque a ciência é amoral. Em virtude da força de suas próprias convicções (ambientais), eles podem ser convencidos de que o rigor científico ou a coerência lógica e argumentativa podem ser atenuados em prol de uma causa importante e urgente.

É importante ficar atento aos admiradores do *woke*. Para começar, é comum acreditar que pessoas com formação em ciências sejam menos suscetíveis aos encantos da Justiça Social em Perspectiva Crítica. Contudo, a verdade é que essas pessoas podem com facilidade aderir a essa corrente e concordar com ela, mesmo sem ter muito conhecimento a respeito. Dessa maneira, elas podem manter o equilíbrio de poder nas situações, permitindo assim que a Justiça Social Crítica avance. É fundamental reconhecer isso ao entender como lidar com a dinâmica das situações e (como veremos mais à frente, na Seção 3) como repelir as investidas do *woke*.

Dada a sua tendência de concordar com a perspectiva da Justiça Social Crítica, de apoiar as investidas da JSC e sua fachada "científica", os admiradores do *woke* são também a vanguarda involuntária da Justiça Social Crítica nas áreas de ciência, tecnologia, engenharia e matemática. Eles, portanto, representam a maior ameaça às áreas que ainda não foram dominadas pela perspectiva *woke*. Além disso, em virtude da sua formação científica (embora eu não tenha visto isso na prática), acredito que eles possam ser levados a reconhecer que a perspectiva da Justiça Social Crítica é uma ameaça à ciência, tornando-se assim potenciais dissidentes do *woke* (ver PINCOURT, 2021a para um ensaio que trata exatamente disso).

1.6.3 OS OPORTUNISTAS

Oportunistas são participantes que podem ou não ter conhecimento da perspectiva da Justiça Social Crítica e que podem ou não concordar com ela. Porém eles se associam a ela e a defendem, ou pelo menos não a contestam. Esses participantes parecem pensar que a perspectiva da Justiça Social Crítica predominará no futuro e não querem ficar em situação desfavorável por não a apoiarem. Há oportunistas em todas as disciplinas, mas eles são mais comuns nas de negócios, engenharia e outros campos do CTEM (ciência, tecnologia, engenharia e matemática). São menos comuns nas artes plásticas, nas ciências sociais e nas humanidades, principalmente porque os participantes dessas disciplinas são *woke* em sua ampla maioria. Na maior parte das vezes, não se pode esperar que oportunistas ajudem a deter a Justiça Social Crítica, exceto, talvez, no contexto do voto secreto (ver Seção 3.9).

1.6.4 OS DISSIDENTES DO *WOKE*

Dissidentes são aqueles que conhecem a perspectiva da Justiça Social Crítica (ou têm consciência dela), mas não aderem a ela, discordam dela e trabalham ativamente contra ela. Poucas pessoas das áreas CTEM possuem conhecimento significativo da Teoria Crítica da Justiça Social, por isso os dissidentes são principalmente das artes plásticas, das humanidades e das ciências sociais. Eles são minoria nessas disciplinas e podem advir de todo o espectro político. Porém, cada vez mais dissidentes surgem das áreas de negócios e CTEM, pois a Justiça Social Crítica vem fazendo avanços nesses campos.

Eu emprego a palavra "dissidente" em virtude de uma característica da própria perspectiva da Justiça Social Crítica, e porque a nossa cultura é cada vez mais influenciada pelas normas e regras da JSC, as quais as pessoas não estão autorizadas a

ENTENDENDO O *WOKE*

questionar. O cancelamento, a desplataforma e a invalidação atuais da dissidência da perspectiva da Justiça Social Crítica se assemelham aos relatos da anulação da ideologia contrarrevolucionária na União Soviética, conforme descreveu Aleksandr Soljenítsin (entre outros). Soljenítsin estava ligado a pessoas na antiga União Soviética que criticaram e agiram contra a ideologia soviética, mencionadas coletivamente como dissidentes.

1.6.5 OS DISSIDENTES EM POTENCIAL

Os dissidentes em potencial podem ou não saber sobre a perspectiva da Justiça Social Crítica. Caso saibam, seria de forma apenas superficial. O mais importante, contudo, é que eles provavelmente discordarão da perspectiva da JSC instintivamente, considerando-a ilógica e inerentemente contraditória. É provável que eles também achem as suas normas nocivas para a busca por conhecimento e para a ciência de modo geral. Dissidentes em potencial são encontrados mais frequentemente nas áreas CTEM e em escolas de negócios. Eles também representam a maior esperança de resistir ao total domínio da perspectiva da Justiça Social Crítica nas universidades — sobretudo se puderem ser convertidos em dissidentes rematados.

1.6.6 OS NÃO INICIADOS

Eu devo mencionar a categoria de "não iniciados" algumas vezes ao longo deste livro. Essa categoria não é mutuamente exclusiva. Ela inclui todas as pessoas que não estão familiarizadas com a perspectiva da Justiça Social Crítica e que não concordam com ela. Inclui também oportunistas e dissidentes em potencial, mas não os admiradores do *woke*.

2.
O ESTRATAGEMA *WOKE*

A primeira parte deste livro buscou familiarizar os leitores quanto à perspectiva da Justiça Social Crítica e quanto aos próprios *woke*. Agora nós passaremos à descrição das estratégias e táticas empregadas pelo *woke* para impulsionar a perspectiva da JSC nas universidades; dou a isso o nome de "estratagema *woke*". A expressão "estratagema *woke*" destina-se a evocar estratégias dissimuladas e técnicas usadas em outros campos específicos, como nas manobras de espionagem dos serviços de inteligência. Analisei esse estratagema (seus principais conceitos, princípios, estratégias e táticas) baseando-me em minha experiência como professor em uma universidade norte-americana durante mais de uma década. A análise propriamente dita se fundamenta em conceitos e termos abordados no capítulo anterior. É necessário esclarecer alguns pormenores conceituais para que se possa entender o estratagema *woke*, portanto é desse ponto que começaremos.

2.1 OS PRINCIPAIS CONCEITOS DO ESTRATAGEMA *WOKE*

Vários conceitos ajudam a definir e a explicar os contornos do estratagema *woke*. Os conceitos são em si mesmos discursivos e de definição.

2.1.1 SITUAÇÕES

O estratagema *woke* que descrevo é executado por participantes do *woke* em eventos nos quais eles (esses participantes) têm capacidade para tomar decisões. Usando a convenção retórica (LUNDBERG E KEITH, 2008), dou a esses eventos o nome de "situações". As situações incluem assembleias departamentais, comitês acadêmicos departamentais, comitês de contratação e todos os demais comitês e órgãos da universidade com representação dos vários participantes, bem como onde elas podem impactar formalmente as decisões (de departamentos, faculdades, senados, conselhos de administração etc.)

2.1.2 LUGARES DE OPRESSÃO

A Seção 1.3 explica como o éthos *woke* insiste que a opressão está em toda parte e tem de ser confrontada onde quer que se encontre, ou onde quer que se acredite que ela exista. A opressão, ao que parece, manifesta-se em "lugares" de opressão. Esses lugares podem ser locais físicos, mas essa ideia é muito mais ampla que isso. A opressão pode estar contida em currículos de cursos, em formulários de inscrição ou no conteúdo de um website. Qualquer "lugar" no qual a opressão possa ser detectada, e portanto combatida, é um "lugar de opressão".

2.1.3 PROBLEMATIZAÇÃO

Embora se presuma que a opressão esteja sempre presente, devido ao princípio político pós-moderno, acredita-se com frequência que ela se oculte em plena vista. A problematização[1] é o mecanismo pelo qual a opressão é identificada ou "exposta". A função disso é encontrar justificativas — explicar como determinada pessoa, situação ou circunstância é opressiva ou incorpora, perpetua ou legitima a opressão de alguma forma, especialmente quando não se pode perceber a opressão de imediato.

A problematização varia do muito pequeno ao muito grande. As microagressões são as menores opressões que podem ser identificadas. Microagressões são atos que as pessoas costumam praticar sem nem mesmo terem consciência disso, e que marginalizam, excluem, oprimem ou insultam. Se um branco, por exemplo, perguntasse de onde vem determinada pessoa com aparência de descendente de asiáticos, isso poderia ser problematizado e considerado microagressão. A razão alegada para isso é que quando constata essa particularidade, a pessoa que faz a pergunta considera implicitamente que a outra pessoa "não é daqui", o que é tomado como atitude de exclusão. Em uma escala mais abrangente seria possível dizer que, embora as pessoas comuns nas sociedades ocidentais acreditem ser livres e prósperas, na realidade elas são oprimidas pelo sistema econômico capitalista sem nem mesmo se darem conta disso. Com base nesse exemplo, a sociedade ocidental inteira é "problematizada".

2.1.4 METAS, AVANÇOS E INCURSÕES

"Meta" é uma abreviação para "meta da Justiça Social Crítica". As metas são fixadas numa sequência contínua de curto prazo a longo prazo. Metas de curto prazo são triviais e específicas, mas costumam se voltar para a realização de metas de longo prazo. Uma meta de curto prazo pode ser simplesmente a inclusão da palavra "crítica" em um plano de curso. Metas de longo prazo são mais ambiciosas e menos específicas. Um exemplo de meta de longo prazo é o desmantelamento das estruturas internas de opressão em uma universidade. Um avanço é a tentativa de alcançar uma meta de Justiça Social Crítica. Um avanço que obteve sucesso (por exemplo, a inclusão da palavra "crítica" no plano de curso final) é uma incursão.

2.1.5 O ENRAIZAMENTO DA PERSPECTIVA DA JUSTIÇA SOCIAL CRÍTICA

A perspectiva da Justiça Social Crítica está enraizada em diferentes graus que variam de situação para situação e podem ser vistos como uma sequência contínua. Em um extremo, se encontram cenários nos quais a perspectiva JSC está completamente ausente. Isso poderia ser um departamento no qual ninguém nem sequer ouviu falar da perspectiva JSC e no qual as suas normas não foram introduzidas nem explicitamente nem implicitamente. Departamentos assim são cada vez mais raros, e os que existem são mais provavelmente das áreas de engenharia, comércio e ciência teórica. Se os integrantes de tais departamentos tiverem conhecimento da perspectiva da Justiça Social Crítica, eles a considerarão "política". É também provável que a considerem inofensiva, ainda que um tanto estranha.

No extremo oposto estão os departamentos nos quais todos os professores são partidários e defensores da perspectiva da Justiça Social Crítica ou *woke*, simplesmente. É o que acontece na vasta maioria das áreas de ciências sociais (exceto economia, talvez), humanidades e artes plásticas, e mais seguramente em departamentos de "estudos": estudos sobre as mulheres, estudos *queer*, e assim por diante.

A variação do grau de enraizamento da perspectiva da Justiça Social Crítica depende da formação dos participantes presentes em determinada situação. O grau em que está enraizada será uma função da proporção de participantes *woke* e do histórico de incursões JSC. Quanto maior o número de participantes *woke* e quanto maior o número de incursões, mais enraizada será a perspectiva da Justiça Social Crítica. Tendo em vista o zelo dos defensores da perspectiva e a implacável tendência da perspectiva de aumentar a sua influência, é útil definir os estágios de enraizamento da perspectiva que podem ser usados para descrever qualquer situação (um departamento, uma reunião do corpo docente, conselho universitário etc.).

Uma situação sem participantes *woke*, na qual as noções de Justiça Social Crítica não foram abordadas e não houve nenhum avanço, não está enraizada. O enraizamento em fase inicial se caracteriza por um pequeno número de participantes *woke* cuja condição como *woke* pode ser conhecida ou não, pela tentativa de alguns avanços discretos e pouco vigorosos e pela realização de algumas incursões. Um enraizamento em fase adiantada se caracteriza por uma proporção significativa de participantes *woke* e várias incursões realizadas com êxito. Um enraizamento total se caracteriza pela presença de uma maioria de participantes *woke*, por avanços mais enérgicos e feitos sem nenhuma tentativa de dissimulação, e pelo silêncio dos participantes que não aderem à perspectiva.

2.2 PRINCÍPIOS DO ESTRATAGEMA *WOKE*

O enraizamento da perspectiva da Justiça Social Crítica se deve em grande parte à adoção bem-sucedida de alguns princípios que os participantes *woke* seguem. Passemos a esses princípios.

2.2.1 SEMPRE TENTAR

Em última análise, toda tentativa *woke* de fazer oposição à opressão pode ser vista como uma investida para enraizar ou aprofundar o enraizamento da perspectiva da Justiça Social Crítica dentro da universidade, ou um "avanço". Um aspecto crucial do éthos *woke* é a obrigação de fazer oposição à opressão e resistir à opressão, sendo que não fazer tal oposição equivale a ser cúmplice da opressão. Em consequência disso, em todas as situações em que uma opressão for identificada, os participantes *woke* tentarão realizar um avanço. Isso corresponde a sempre, em toda e qualquer circunstância, tentar forçar os limites.

2.2.2 A MENOR QUANTIDADE DE FORÇA NECESSÁRIA

Embora busquem avanços em todas as situações nas quais se identifica a opressão, vale notar que o estratagema *woke* é colocado em prática com diferentes graus de força em diferentes circunstâncias. De modo geral, a menor quantidade de força necessária é utilizada para fazer avançar a agenda *woke* em qualquer situação. Em outras palavras, apenas a força necessária será usada para executar com êxito um avanço.

Apesar de a pujança das técnicas empregadas ser atenuada pelo princípio da quantidade mínima de força, essa pujança é intensificada de acordo com alguns

COMO DESARMAR A CULTURA *WOKE*

fatores: a importância da questão, o grau de resistência encontrado, a proporção de membros *woke* em dada situação e a profundidade na qual a perspectiva da Justiça Social Crítica já está enraizada.

Quanto maior a importância detectada em um exemplo particular de opressão em qualquer caso, mais potentes serão as técnicas empregadas. A importância de determinado ato ou lugar de opressão se relaciona ao grau de opressão detectada (veja a Seção 1.4) em associação ao ato ou ao lugar. Quanto maior for a opressão, mais potentes serão as técnicas empregadas.

A potência das técnicas usadas aumentará conforme a resistência encontrada. Se a resistência for pequena, não haverá grande necessidade de colocar em prática técnicas de força, o que é coerente com o princípio da força mínima necessária. À medida que o grau de resistência aumenta (quando as pessoas questionam ou discordam), mais técnicas contundentes são empregadas. E se as pessoas se opuserem com convicção e tentarem bloquear o avanço, técnicas ainda mais vigorosas serão usadas.

A pujança das técnicas está diretamente relacionada à proporção de participantes *woke*. Há um impacto de grupo, e em virtude disso quanto maior a proporção de participantes *woke*, maiores as chances de utilização de técnicas mais poderosas. Em alguns casos, técnicas mais contundentes simplesmente se tornam possíveis com mais participantes *woke*. Em outros casos, uma proporção maior de participantes *woke* pode conduzir a uma intensificação mais rápida da contundência das técnicas usadas.

Por fim, a potência das abordagens aumenta à medida que a perspectiva da Justiça Social Crítica se torna mais enraizada. Na fase inicial de enraizamento, os avanços serão discretos. Quando a perspectiva JSC se torna mais enraizada, os avanços passam a ser mais poderosos. Isso acontece porque, via de regra, quanto mais a perspectiva se enraíza, maior é o número de adeptos da Justiça Social Crítica e menor a resistência a ela. Além disso, é mais difícil reverter incursões depois que elas são feitas; portanto, é menos importante enfraquecer os avanços.

2.2.3 TENTAR PASSAR DESPERCEBIDO ATÉ QUE SEJA TARDE DEMAIS

A abordagem da menor quantidade de força necessária é adotada porque se sabe (consciente ou inconscientemente) que mais vigor chamará a atenção para qualquer avanço, quando o objetivo é ocultar os avanços o tanto quanto for possível. A ideia é camuflá-los e fazer com que passem despercebidos até estarem firmemente enraizados. Por isso, pode ser difícil identificar avanços na fase inicial de enraizamento, e difícil revertê-los quando se mostram.

O ESTRATAGEMA *WOKE*

2.2.4 TODO AVANÇO DEVE TER ÊXITO

Os *woke* se deparam com um dilema quando fazem avanços. Embora os lugares de opressão estejam por toda parte e seja necessário buscar avanços sempre, também é necessário passar despercebido durante o maior tempo possível. A solução para esse impasse é garantir que cada avanço tenha êxito. Sendo assim, é preciso compreender os avanços a curto prazo e a longo prazo. A meta de longo prazo é derrubar as estruturas de opressão ligadas à universidade. Ao mesmo tempo, sabe-se que essa meta de longo prazo deve avançar e não ser ameaçada por avanços de curto prazo. Esse princípio exerce influência significativa sobre as estratégias usadas para realizar conquistas. Avanços em fase inicial darão destaque a pequenos avanços de curto prazo escolhidos para a realização de conquistas relevantes a longo prazo.

2.2.5 OS FINS JUSTIFICAM OS MEIOS

Dois aspectos da perspectiva da Justiça Social Crítica têm enorme influência nas regras de engajamento *woke*: a epistemologia *woke* e o fanatismo *woke*. A epistemologia *woke* se baseia na ideia de que todo o conhecimento e os sistemas de conhecimento são socialmente estruturados por grupos opressores e construídos de modo a favorecer grupos opressores em prejuízo dos oprimidos. Isso significa que não apenas o que consideramos conhecimento é opressivo, mas também os métodos que empregamos para obter qualquer tipo de conhecimento são essencialmente opressivos. Tal entendimento sugere, por exemplo, que o método científico é opressivo, bem como os métodos usados para validar o conhecimento, como a evidência, o argumento e até mesmo a lógica.

O segundo aspecto importante a influenciar as regras de engajamento *woke* é o fanatismo *woke*. Esse fanatismo foi abordado na seção do éthos *woke* (1.3). Basicamente, os *woke* creem na perspectiva da Justiça Social Crítica com um fervor difícil de compreender fora do âmbito religioso. Eles acreditam que se trata da única perspectiva verdadeira e justa. De mais a mais, eles pensam ter a responsabilidade de propagar isso e de combater concepções de mundo opressivas, principalmente a concepção moderna e liberal de mundo que se desenvolveu desde pelo menos o Iluminismo.

Juntos, esses dois aspectos removem do éthos *woke* toda a necessidade de se comprometer com as regras tradicionais de engajamento quando considerado necessário. Em consequência disso, em virtude do fervor moral e da crença de que as próprias regras tradicionais de engajamento são opressivas, essas regras podem ser deixadas de lado sempre que for conveniente.

COMO DESARMAR A CULTURA *WOKE*

As técnicas que abandonam as regras tradicionais de engajamento são mais enérgicas e, em conformidade com o princípio da menor quantidade de força necessária, costumam ser empregadas somente quando métodos mais enérgicos são considerados necessários. Contudo, é preciso reconhecer uma coisa importante e estar preparado para ela: as regras tradicionais de engajamento e de lisura são e serão abandonadas, muitas vezes com pouco alarde e uma violência realmente aterrorizante. Pelo visto, os fins justificam os meios.

2.3 AS PRINCIPAIS FERRAMENTAS DO ESTRATAGEMA *WOKE*

Os princípios do estratagema *woke* são implementados por meio de várias táticas e estratégias. Na base de muitas táticas há duas ferramentas bastante comuns.

2.3.1 O APITO PARA CACHORRO *WOKE*

Nos últimos anos, duas coisas relacionadas à Justiça Social Crítica me espantaram. A primeira delas é de que forma esse movimento se impôs e se infiltrou inexoravelmente em cada aspecto, em cada faceta do meu trabalho (como professor universitário) e do meu círculo social. A segunda é que as pessoas próximas de mim que não eram *woke* não percebem essa invasão até que ela já tenha acontecido ou até que seja tarde demais. Existe mais de um motivo para isso, mas um dos mais importantes é o apito para cachorro *woke*.

O apito para cachorro (apito de Galton) emite sons numa frequência que o ouvido humano não pode captar. Esse apito é usado para chamar ou para treinar cães sem perturbar as pessoas que os estão treinando ou as que se encontram próximas. A expressão foi também adotada no discurso político para fazer referência ao uso de linguagem codificada para obter apoio de grupos-alvo e ao mesmo tempo evitar a oposição de outros grupos. Muitas palavras *woke* de fato funcionam como apitos para cachorro.

Essas palavras, "apito para cachorro", são eficazes e traiçoeiras por dois motivos. O primeiro é que os termos usados permitem que os *woke* se comuniquem uns com os outros. Isso permite especificamente que os indivíduos *woke* se reconheçam uns aos outros como *wokes* — é essencialmente um identificador de grupo verbal. O segundo motivo é que as palavras "apito para cachorro" são tradicionalmente (talvez intencionalmente) palavras agradáveis e leves, sobretudo para os que não são iniciados. Esses dois fatores juntos se tornam um manual de termos "apito para cachorro".

O exemplo clássico de "apito para cachorro" *woke* é a própria palavra "crítica", que tem sido particularmente útil no ambiente acadêmico, já que passa totalmente despercebida pelos não iniciados, e é de fato uma palavra universalmente vista com bons olhos no âmbito acadêmico. Para o *woke*, "crítica" diz respeito à perspectiva da Justiça Social Crítica. Já para o não iniciado, "crítica" é a razão de ser da universidade, como na frase "ensinar estudantes a pensarem criticamente". Desse modo, uma agenda crítica pode ser promovida e implementada aos olhos de todos, mas somente o *woke* (e os dissidentes do *woke*) terão consciência dela.

2.3.2 PALAVRAS CAMBIANTES *WOKE*

Na seção anterior, comecei a tentar explicar um enigma. Como é possível que a perspectiva da Justiça Social Crítica alcance tanto êxito para se propagar sem que, na maioria das vezes, o não iniciado nem sequer perceba a sua propagação até que seja tarde demais? Também descrevi de que maneira isso é feito com "apitos para cachorro" *woke*. As palavras cambiantes *woke* têm relação com os "apitos para cachorro" *woke*. Os "apitos" *woke* se comparam a um apito para cachorro porque são aparentemente inofensivos e podem se ocultar em plena vista. Eles parecem inofensivos porque o seu significado *woke* é camuflado pelo uso de palavras cambiantes. Palavras cambiantes têm vários significados. Cada palavra tem um significado que é a sua definição usual (que pode ser encontrada num dicionário). O outro significado é a definição *woke*.

As palavras cambiantes têm três características. Em primeiro lugar, são palavras comuns e não técnicas. São palavras que raramente estão além da compreensão da maioria das pessoas que interagem com o *woke*. Na seção anterior, eu analisei a palavra "crítica", mas palavras como "racismo", "equidade", "diversidade" e "interseção" são cambiantes típicas utilizadas na conversação cotidiana. Palavras menos comuns e mais técnicas como "hermenêutica" (exemplo aleatório) raras vezes são redefinidas.

Em segundo lugar, suas definições usuais (corriqueiras) são bem compreendidas e acredita-se que normalmente sejam aceitas. Quando escutam as palavras "crítica", "diversidade" ou "interseção", os não iniciados têm em sua mente definições bastante claras dessas palavras, e por esse motivo não se preocupam com seu significado, que é conhecido por eles e por qualquer pessoa. Contudo, as definições *woke* para essas palavras são *radicalmente* diferentes. Palavras cambiantes são propositalmente técnicas para que não seja necessário discutir sobre a definição delas.

Em terceiro lugar, palavras cambiantes frequentemente (embora nem sempre) soam "bem". Se houver duas palavras para descrever o mesmo conceito, a que

COMO DESARMAR A CULTURA *WOKE*

soar melhor será escolhida. Por esse motivo é que com frequência vemos a palavra "inclusão" ser usada como palavra cruzada, e normalmente não vemos "exclusão". Isso é útil porque torna difícil questionar o seu significado. Isso é o que torna particularmente eficaz a combinação de palavras cambiantes e da tática do cavalo de Troia do castelo de mota reverso (ver Seção 2.4.3).

2.4 MICROTÁTICAS *WOKE*

Os princípios da estratégia *woke* e suas principais ferramentas se combinam numa série de microtáticas e táticas ambiciosas. Seguem-se as principais microtáticas.

2.4.1 SUBVERTER A TOMADA DE DECISÃO LIBERAL

Existem muitas microtáticas *woke* que tiram vantagem da tomada de decisão do grupo tradicional liberal bem-intencionado. Antes de tratarmos dessas microtáticas, é preciso verificar em que consiste a tomada de decisão tradicional liberal.

DEBATE LIBERAL BEM-INTENCIONADO E TOMADA DE DECISÃO

A Seção 2.2, que trata dos princípios do estratagema *woke*, delineou os princípios gerais que são a base para as táticas adotadas pelos participantes do *woke* para promover a perspectiva da Justiça Social Crítica nas universidades. Nessa seção, também comento como os fins justificam os meios para os participantes do *woke*. Quis dizer com isso que as regras e normas liberais tradicionais de envolvimento numa discussão, argumentação e tomada de decisão são consideradas alternativas e secundárias no que toca à meta de promover a agenda da Justiça Social Crítica. Essa afirmação exige uma definição do que são as regras e normas tradicionais liberais de envolvimento.

É importante observar que eu não uso a palavra "liberal" aqui no sentido político moderno norte-americano, ou seja, da esquerda progressista contemporânea. Na verdade, eu quero me referir à tradição liberal que decorre sobretudo do Iluminismo, e particularmente do Iluminismo inglês/escocês. Pluckrose e Lindsay (2020) e Levin (2013) fornecem visões gerais da tradição liberal nesse sentido.

Nessa tradição, normas e (em alguns casos) regras explícitas (por exemplo, "Regras de Robert") se desenvolveram para orientar a discussão, a argumentação, o debate e a tomada de decisão justos. Conforme essa tradição, todas as partes envolvidas em uma situação são estimuladas a expressar de maneira respeitosa e honesta as suas opiniões acerca do assunto de interesse. Também se espera que as

O ESTRATAGEMA *WOKE*

opiniões dos outros sejam recebidas com respeito, generosidade e boa-fé. Isso significa tentar compreender o espírito das palavras que alguém tem a intenção de dizer. Ao mesmo tempo, a comunicação respeitosa (e possivelmente contundente) de discordância é esperada e incentivada, caso seja percebida.

É importante enfatizar que a discordância é considerada fundamental para o bom debate e a tomada de decisão. A discordância tem especial importância porque as pessoas podem certamente se convencer das suas próprias opiniões, mas convencer os outros é mais difícil. Outros provavelmente chamarão a atenção para pontos que a pessoa que expôs sua opinião não levou em conta, o que obriga essa pessoa a defender melhor suas posições. Isso vai contra a tendência bem reconhecida que temos do viés da confirmação (encontrar evidências que apoiem as nossas próprias posições; ver, por exemplo, Haidt, 2012).

Por fim, a tomada de posição liberal dá destaque à argumentação, à lógica e à apresentação e avaliação da evidência em apoio às opiniões manifestadas. Há nessa tradição uma tendência tácita ao consenso na tomada de decisão. Embora o consenso não seja de maneira nenhuma o objetivo, e apesar da importância da discordância, em circunstâncias normais as pessoas buscarão ajustar as discussões e decisões a fim de se chegar a uma posição tácita de consenso. Quando o consenso não é possível, recursos como a votação podem ser empregados para que decisões sejam obtidas, se não para que divergências sejam resolvidas.

Essas normas e regras foram muito úteis para nós e nos proporcionaram as extraordinárias e prósperas sociedades que hoje formam os Estados Unidos e o Canadá. As táticas que subvertem a tomada de decisão tradicional liberal tiram vantagem de tais normas e regras usando as oportunidades proporcionadas pela tradição para promover a Justiça Social Crítica, embora não as concedam aos que não aderem à perspectiva da Justiça Social Crítica. Elas são especialmente importantes porque a subversão dessas normas permite que os membros *woke* tenham mais influência e "lutem com pedras dentro da luva", e por isso são empregadas. Veja a seguir uma série de táticas claras usadas nessa subversão.

INSISTÊNCIA *WOKE* PELA INFORMALIDADE

A tradicional e típica tomada de decisão liberal se caracteriza por métodos formalizados para propor tópicos de discussão, regras pelas quais esses tópicos são discutidos e como as decisões sobre eles são tomadas. Isso envolve no mínimo o uso de agendas (antecipadamente combinadas), horários para o início e o final das reuniões e itens de discussão, bem como métodos por meio dos quais as decisões serão tomadas (como o voto). Essas regras se desenvolveram com o passar do tempo por diversos motivos, entre eles ajudar a garantir que cada pessoa tenha direito à sua própria opinião e direito a influenciar decisões com base em suas próprias opiniões, sem precisar obrigatoriamente divulgá-las. Esse último aspecto é na realidade a base da democracia moderna.

Os membros *woke* insistirão na informalidade em reuniões. Chegar no horário não é considerado importante, aderir a itens predeterminados na agenda ou a horários predeterminados para discussão também não é importante, sobretudo se houver outro assunto que eles prefiram discutir. A "flexibilidade" é enfatizada para que as reuniões transcorram "organicamente". Tentativas de insistir em aderir a agendas ou a regras serão menosprezadas por serem desnecessariamente formais ou "burocráticas".

Pela ótica da Justiça Social Crítica, a insistência na informalidade se justifica antes de mais nada pela alegação de que as regras tradicionais liberais que controlam a tomada de decisão foram desenvolvidas e usadas para perpetuar estruturas de poder que beneficiam os opressores em prejuízo dos oprimidos. Como tais, essas regras são consideradas "instrumentalistas". Nesse sentido, é possível afirmar que regras não são necessárias, ou que diferentes métodos de tomada de decisão igualmente eficazes e legítimos (círculos de cura, por exemplo) provenientes de culturas e identidades oprimidas (e que são, assim, não opressivas) podem e devem ser usados no lugar das regras tradicionais. Pode-se alegar também que as regras tradicionais simplesmente indicam branquitude e, portanto, são racistas intrinsecamente. Sendo assim, não aderir a elas equivale a resistir à opressão e, sem dúvida, a colaborar para a descolonização da universidade.

Porém, se determinada situação não se encaminhar para o apoio ao avanço da Justiça Social Crítica, os membros *woke* recorrerão às regras formais para não terem de recuar. Em tais situações, eles podem insistir que não foi permitido discutir o suficiente ou alegar alguma outra minúcia técnica. Embora isso não seja compatível com a resistência à tomada de decisão liberal, é compatível com a sua subversão e com o princípio da estratégia *woke* de que "os fins justificam os meios". A insistência pela informalidade é apoiada porque permite que os membros *woke* tenham mais poder no processo de tomada de decisão.

HOSTILIDADE CONTRA A VOTAÇÃO SECRETA

Uma microtática específica mediante a qual a informalidade é usada para subverter a tomada de decisão é impedir a votação secreta, que sofrerá intensa resistência (a menos que os membros *woke* sejam maioria). O fato de os membros *woke* impedirem que decisões sejam tomadas por votação secreta é extremamente importante para explicar à sua influência desproporcional. Dessa forma fica mais fácil hostilizar, intimidar, envergonhar e ameaçar as pessoas para que apoiem os avanços da Justiça Social Crítica, ou pelo menos para que não oponham resistência a esses avanços. Assim, deve haver (como é descrito na Seção 2.4.2, mais adiante) uma tentativa de fazer com que as decisões sejam tomadas por "consenso" e não por votação secreta. Isso acontece porque o consenso por coerção é uma tática eficaz de intimidação *woke*. Além das justificativas típicas para evitar as formas tradicionais de tomada de decisão descritas há pouco, há outras justificativas que podem ser usadas para desacreditar e impedir a votação secreta.

Em primeiro lugar, a votação secreta pode ser criticada por ser "desagregadora", ao passo que o consenso será exaltado por ser inclusivo. Em segundo lugar, a votação secreta pode ser criticada por ser "binária" demais. De acordo com a Justiça Social Crítica, ser binário (ter somente duas alternativas ou categorias) é problemático porque a categorização em si mesma é considerada uma forma de opressão.

ESTRATÉGIA DE FAZER O TEMPO SE ESGOTAR

Outra vantagem (e motivo para insistir na informalidade) é a flexibilidade que permite retardar a discussão, ou a estratégia de fazer o tempo se esgotar. Pode-se atrasar deliberadamente o andamento da discussão, ou pode-se forçar o acréscimo de mais tópicos a uma agenda. Dois objetivos podem estar por trás dessa manobra.

O primeiro deles é simplesmente impedir que algum tema seja discutido em uma reunião. Isso pode ser providenciado se houver uma política ou a defesa de uma decisão que contrarie as metas da Justiça Social Crítica. O segundo é aumentar a pressão quando determinada meta da Justiça Social Crítica está sendo defendida, ou assegurar que grandes decisões sejam tomadas sem que haja tempo suficiente para questioná-las ou contestá-las. Nesse contexto, as discussões seguirão em frente para que uma reunião se prolongue por mais tempo, e qualquer pessoa que não seja favorável a um avanço da JSC desista de opor resistência por irritação e/ou por ter outros compromissos. Esse artifício é bastante eficaz quando a votação secreta é impedida. Dentro desse cenário, isso intensifica a pressão relacionada ao tempo, mas impede uma decisão fácil por meio de votação secreta, aumentando desse modo a probabilidade de êxito no seu avanço.

RECRUTANDO ALIADOS *WOKE*

A Seção 2.1 (sobre os principais conceitos do estratagema woke) descreveu as diferentes fases do enraizamento da perspectiva da Justiça Social Crítica. Em última análise, há uma correlação clara entre o grau de enraizamento e a proporção de membros *woke*. Uma proporção maior de membros *woke* confere o poder de

COMO DESARMAR A CULTURA *WOKE*

empregar técnicas mais vigorosas e essencialmente de fazer avanços de maior impacto com mais facilidade. Por esse motivo é que em todas as fases serão feitas tentativas de aumentar o número de aliados.

Em condições ideais, o aumento de aliados *woke* será feito à custa de dissidentes *woke* ou dos não iniciados. Tais acréscimos ou substituições muitas vezes serão defendidos ou justificados com base na "diversidade" e na "inclusão". O mais importante contexto de recrutamento está na contratação de professores temporários. Recursos quase ilimitados serão dirigidos a esse segmento porque, no final das contas, é o mais importante para o enraizamento da perspectiva da Justiça Social Crítica numa universidade.

DAR ÊNFASE À EMOÇÃO E À EXPERIÊNCIA

Essa microtática envolve a apresentação de uma argumentação sobre como se sente um membro *woke* ao apoiar um avanço ou um objetivo da Justiça Social Crítica, ou ao atacar uma iniciativa contrária aos objetivos da JSC. Essa é uma técnica retórica que deverá representar o membro *woke* se posicionando dentro de uma identidade ou de uma interseção de identidades, portanto de opressão, e então revelando como o tema em discussão o faz sentir a partir dessa posição.

Essa microtática se destina a despertar emoção, simpatia e talvez culpa na audiência, e dessa maneira influenciar a sua opinião a respeito de determinada iniciativa. Segundo a perspectiva da Justiça Social Crítica, pelo menos dois motivos justificam o uso dessa tática.

Primeiramente, tendo em vista que (conforme a perspectiva da Justiça Social Crítica) todo conhecimento é construído socialmente, intrinsecamente opressivo e representa a realidade de maneira inexata, a experiência é considerada a única forma de alcançar o conhecimento (correto) da realidade. Em segundo lugar, tendo em vista que se acredita que a argumentação, a lógica e a apresentação de evidência empírica ajudam a perpetuar e a reproduzir sistemas opressores, é válido ignorá-las e se valer da experiência e da emoção. Sugerir que a experiência e a emoção sirvam como evidência num contexto liberal é considerado circunstancial e míope, e de valor limitado na tomada de decisão em grupo.

RECLAMAR CARIDADE, MAS NÃO OFERECÊ-LA

Dois dos principais aspectos da tomada de decisão tradicional liberal são boa-fé na discussão e na argumentação e caridade na interpretação. Debater munido de boa-fé implica que os participantes tenham uma atitude de discutir e argumentar buscando estabelecer a verdade ou o melhor resultado para uma situação ou decisão. O míope e ávido éthos *woke* almeja unicamente promover as metas de justiça social no âmbito da universidade. Sendo assim, a postura *woke* envolve o abandono da boa-fé nas discussões.

Caridade, por outro lado, envolve se esforçar para entender o que as pessoas estão tentando argumentar, e ao mesmo tempo fornecer a elas o benefício da dúvida caso façam isso de modo imperfeito. Uma técnica *woke* comum é abandonar qualquer pretensão de caridade na interpretação, que frequentemente é feita mediante a problematização do que as pessoas dizem, independentemente do que elas tiveram a intenção de dizer.

Pela perspectiva da Justiça Social Crítica, isso se justifica porque se presume que as pessoas inconscientemente falem pelas estruturas de poder opressivas às quais estão sujeitas e as perpetuem. Sendo assim, mesmo o que eles tenham a intenção de dizer é sem sentido diante da exposição do significado opressivo que eles não puderam evitar expressar. Isso foi mencionado pela primeira vez como "a morte do autor" por Roland Barthes (1968).

Embora não concedam caridade a seus interlocutores, os membros *woke* insistirão que concedam caridade a eles e aos seus próprios argumentos. Se os seus argumentos são interpretados de modo negativo, ou se implicações desagradáveis dos seus argumentos ou de sua lógica forem mencionadas, eles sustentarão que a sua argumentação não foi tratada com a devida caridade. Eles podem alegar que estavam "apenas" se referindo a algum outro ponto inofensivo ou inócuo. Podem também partir para a ofensiva sustentando que a interpretação ou a menção desagradável se deve a uma posição de privilégio, de querer perpetuar estruturas de poder existentes ou de ser racista ou intolerante.

2.4.2 TÁTICAS DE INTIMIDAÇÃO *WOKE*

Essa subseção trata de microtáticas que recorrem à intimidação e ao amedrontamento para refrear a discordância e a oposição aos avanços e às metas da Justiça Social Crítica. Ela também se baseia na seção que trata do debate e da tomada de decisão liberal (Seção 2.4.1).

Táticas que se valem de intimidação e coação estão entre as microtáticas mais aguerridas. Por isso elas costumam ser reservadas para situações nas quais a perspectiva *woke* está bem entranhada, ou quando existe uma grande proporção de professores *woke*, ou o ato ou o local de opressão são particularmente importantes, ou uma combinação de todos esses três. A seção começa com táticas executadas por indivíduos e depois aborda as táticas que são executadas em grupos, e por isso evolui de métodos menos vigorosos para métodos mais vigorosos.

COMO DESARMAR A CULTURA *WOKE*

CRIAR EMBARAÇOS

Uma importante tática *woke* em determinada situação e durante discussões é causar embaraço. As situações se tornam estranhas em razão da intimidação feita pelos membros *woke*, que insistem demais em alguma coisa e em "não deixar passar nada". Professores *woke* geralmente insistem em seu ponto de vista e não param até que todos se sintam embaraçados. A intenção é que os participantes não *woke*, a fim de evitarem a pressão abusiva, cedam às demandas *woke* ou pelo menos desistam de resistir a elas. Essa tática busca tirar proveito da expectativa liberal de respeitar as opiniões alheias e também explora a tendência geral tácita de encontrar um consenso. Em certo sentido, essa tática tenta forçar um consenso em torno de uma posição que possivelmente é defendida por apenas uma pessoa. Trata-se então de uma forma de intimidação.

ATAQUES *AD HOMINEM*

Ataques *ad hominem* envolvem criticar a pessoa que argumenta em lugar de criticar o argumento propriamente dito. Por exemplo, se uma pessoa colocar em dúvida alguma ideia da Justiça Social Crítica, como a onipresença da opressão, um participante *woke* pode acusar essa pessoa de ser cúmplice da opressão, de não se importar com a opressão, de se empenhar para preservar os seus próprios privilégios etc. Essa tática simplesmente ignora as normas liberais de tomada de decisão para se concentrar nos indivíduos, numa tentativa de constrangê-los ou de desacreditá-los. Essa ação também é empregada como ameaça. A ameaça comunica logo de saída que o participante *woke* está disposto a recorrer a ataques pessoais para conseguir o que deseja. A ameaça também comunica a todos que quem ousar desafiar alguma posição da Justiça Social Crítica correrá o risco de receber o mesmo tratamento.

ASSUMIR A CULPA, ESPERAR PROVA DE INOCÊNCIA

Na seção anterior, mencionei um ataque *ad hominem* específico, qual seja, o de acusar um interlocutor de ser cúmplice da opressão. Esse ataque *ad hominem* merece destaque por ser bastante comum e muitas vezes eficaz. Ele é particularmente eficaz porque inverte o princípio liberal tradicional (ver Seção 2.4.1) da presunção de inocência até que a culpa seja provada. Esse recurso é eficaz porque as pessoas costumam sentir que precisam se defender contra uma acusação, sem considerarem se essa acusação tem ou não algum fundamento. Isso desestabiliza e pode levar alguém a voltar atrás em um posicionamento.

ERRO INTENCIONAL DE INTERPRETAÇÃO

Ocorre quando um participante *woke* propositalmente interpreta de modo equivocado algo dito por uma pessoa que se opõe a um avanço ou a uma meta da

Justiça Social Crítica. Essa tática costuma ser empregada em combinação com a problematização do que a pessoa disse. Com a interpretação equivocada do que foi dito, geralmente se espera desacreditar o interlocutor não *woke*.

Um bom exemplo seria uma discussão sobre política de contratação baseada em identidade numa universidade. Um professor não *woke* poderia expressar preocupação quanto a essa política descrevendo-a como discriminatória em relação às identidades que não são contempladas e contrária ao compromisso com os direitos universais. Um professor *woke* distorceria intencionalmente o que foi dito e interpretaria como evidência de que o professor não *woke* não se importa com o racismo. O professor *woke* poderia problematizar ainda mais essa opinião, afirmando que a preocupação foi manifestada de uma posição de privilégio e representou uma tentativa (inconsciente) de perpetuar esse privilégio. Essa tática tem os mesmos propósitos do ataque *ad hominem*: desacreditar quem quer que se oponha aos avanços ou às metas da Justiça Social Crítica, fazer essas pessoas se sentirem mal ou culpadas, servir como ameaça para que ninguém se oponha às metas e aos avanços *woke*.

Apesar de contrariarem as regras liberais de boa-fé e caridade na interpretação, esses recursos são justificados pela perspectiva da Justiça Social Crítica por dois motivos. O primeiro deles é que o éthos *woke* (Seção 1.3) obriga o *woke* a sempre buscar e expor a opressão que eles acreditam ser onipresente. Desse modo, essa interpretação equivocada poderia ser retratada como a revelação de uma opressão oculta. O segundo é que se poderia justificar isso recorrendo ao princípio do sujeito da Justiça Social Crítica, o qual assegura que as pessoas "falam pelas" estruturas opressivas nas quais estão integradas e que elas perpetuam, mesmo sem se darem conta disso. Como já mencionamos, Roland Barthes se refere a esse fato como a "morte do autor" (1968).

USAR O CONSENSO COMO COERÇÃO

Os defensores da perspectiva da Justiça Social Crítica destacam a importância do consenso na tomada de decisão. O consenso é considerado essencial porque está relacionado à "inclusão", que é um princípio norteador declarado da perspectiva (assim como a palavra cruzada). A ideia é que o consenso na tomada de decisão leva a decisões melhores porque inclui "todas" as perspectivas. O que se subentende do uso de "todas" as perspectivas é que os métodos tradicionais liberais trazem somente a perspectiva dos opressores. Dessa maneira, a meta de todas as discussões, dos debates e das decisões é chegar ao consenso. Em consequência disso, existe uma forte pressão para que não haja discordância e para que sejam acatadas as opiniões e decisões consensuais.

COMO DESARMAR A CULTURA *WOKE*

Expressar discordância (com relação a um avanço da Justiça Social Crítica) é uma atitude vista com desprezo e que costuma ser considerada "desagregadora". Uma pessoa desagregadora impede o consenso ou trabalha contra o consenso, que é a meta *woke* para a tomada de decisão. O resultado dessa pressão para ceder é, em última análise, intimidação, o que torna a tomada de decisão consensual um pouco mais do que coerção. A meta do consenso não pode ser facilmente imposta por uma pessoa, então essa é uma tática que exige várias pessoas e é um "esforço em equipe".

Essa tática se opõe claramente às normas de tomada de decisão liberais, pois desencoraja a discordância e busca forçar o consenso. Na tradição liberal, embora seja considerado desejável, o consenso não é um objetivo em si mesmo. Métodos que tentam forçar a concordância e desencorajar a discrepância são uma abominação para a boa tomada de decisão na tradição liberal.

ENXURRADA

Essa é uma das microtáticas mais poderosas e intimidadoras. Consiste em vários membros *woke* contestarem um indivíduo. Envolve tipicamente uma situação na qual uma pessoa expressa pontos de vista que questionam, não apoiam ou não estão em consonância com um avanço da Justiça Social Crítica em determinada situação.

Uma combinação de recursos legítimos de argumentação será usada com diversas outras táticas (ataques *ad hominem*, interpretação propositalmente equivocada, coerção para alcançar consenso etc.), geralmente uma após a outra, numa verdadeira enxurrada de ataques. A pessoa submetida a tal bombardeio talvez nem consiga responder aos ataques dos membros *woke*. A enxurrada é usada em situações nas quais a perspectiva da Justiça Social Crítica já está quase completamente enraizada.

Embora intimidadora, a enxurrada pode ou não ser compatível com a tomada de decisão liberal, isso dependerá das táticas usadas pelos participantes *woke* individualmente. Se for empregada argumentação legítima, e se for permitido que a pessoa submetida à contestação responda, isso pode ser simplesmente a atmosfera competitiva de um debate saudável. Infelizmente não é o que costuma acontecer quando a tática da enxurrada é aplicada.

CANCELAMENTO E DESPLATAFORMA

A mais poderosa tática de intimidação *woke* é também a mais conhecida delas: o cancelamento e a desplataforma. Cancelamento e desplataforma envolvem ataques pessoais coordenados, tipicamente por meio de fontes *on-line* e particularmente das mídias sociais.

Esses ataques geralmente são lançados contra um participante cujas opiniões públicas são impopulares. Podem também ocorrer como resultado da oposição de um participante aos avanços da Justiça Social Crítica no contexto das suas responsabilidades (por exemplo, uma reunião de departamento). Ataques desse tipo costumam desencadear, em todos os setores de uma universidade, exigências para que o acusado seja impedido de lecionar, tenha a titulação acadêmica cancelada e até seja demitido. Os ataques podem ser iniciados por professores, mas costumam ser realizados por outros participantes, principalmente por estudantes. Esse fenômeno não se restringe ao ambiente acadêmico. Contudo, o inacreditável é que esses ataques podem ter êxito nas universidades e podem precipitar a demissão de professores do quadro permanente por suas opiniões ou por se comportarem conforme determina a sua consciência. Sem sombra de dúvida, a meta do cancelamento e da desplataforma é eliminar a resistência aos avanços e objetivos do *woke*.

Essa talvez seja a tática não liberal mais icônica do *woke*. Na tradição liberal, as ideias devem ser permitidas no mercado de ideias, em que ficam sujeitas a críticas públicas e racionais. Essa foi realmente a inovação liberal mais significativa. Impedir que as pessoas manifestem as suas opiniões por medo de perderem o seu sustento é a tática não liberal mais extrema nas sociedades democráticas modernas.

2.4.3 O CAVALO DE TROIA DO CASTELO DE MOTA REVERSO

Nas seções anteriores, descrevi várias microtáticas *woke*, mas esta seção se concentra em uma microtática somente, que eu chamo de "cavalo de Troia do castelo de mota reverso". Aqui eu me concentro apenas nessa tática porque ela exige uma explanação um pouco mais elaborada, e porque em minha opinião ela é a mais eficaz das táticas *woke* nas universidades. Para compreender o cavalo de Troia do castelo de mota reverso é necessário compreender a técnica do castelo de mota,[2] bem como a analogia do cavalo de Troia.

A TÉCNICA RETÓRICA DO CASTELO DE MOTA

A primeira descrição da técnica do castelo de mota foi feita por Shackel (2005). O castelo de mota é um tipo de castelo europeu medieval introduzido na Inglaterra pelos normandos. A mota era uma torre bem reforçada construída sobre um monte de terra; era fácil de defender, mas desagradável para se habitar. Abaixo e ao redor da mota ficava um pátio cercado por um fosso e uma paliçada de proteção, menos seguro e mais difícil de defender, mas mais agradável para se habitar.

Na estratégia do castelo de mota, um indivíduo tenta defender uma posição radical, difícil de defender (o pátio do castelo, a área aberta). Quando (ou se) a posição radical é desafiada, o defensor dessa posição recua e se refugia numa posição fácil de defender e fácil de aceitar (a mota). O segredo da estratégia é uma falsa equivalência oculta entre posições extremas e facilmente aceitáveis.

Eis como esse tipo de estratégia pode ser colocada em prática num ambiente universitário. Um professor *woke* poderia propor que houvesse uma proporção menor de professores brancos num comitê de contratação, com base na alegação (radical) da Justiça Social Crítica de que pessoas brancas são irremediavelmente, inconscientemente e inerentemente racistas. Essa seria a posição da área aberta, ou simplesmente "posição aberta", a posição radical "onde" o defensor da JSC gostaria de estar. Se alguém pusesse em dúvida essas afirmações — por exemplo, pedindo provas de um racismo irremediável, inconsciente e inerente em pessoas brancas —, o defensor recuaria para uma posição "mota" incontestável, respondendo, por exemplo, "Então você não acredita que o racismo existe?". O propósito desse recurso é desestabilizar a pessoa que põe em dúvida a alegação, pois provavelmente não agradaria a essa pessoa afirmar que o racismo não existe. Essa estratégia, que muitas vezes funciona, baseia-se na falsa equivalência entre a afirmação (incontestável) de que o racismo existe e a afirmação (radical) de que todas as pessoas brancas são racistas.

CAVALO DE TROIA

Cavalo de Troia é uma estratégia de invisibilidade que consiste em introduzir secretamente tropas nos domínios do inimigo e depois atacá-lo de surpresa usando essas tropas já introduzidas. A expressão teve origem na obra de Virgílio, que popularizou os acontecimentos relacionados à Guerra de Troia. Depois de dez anos de um cerco infrutífero a Troia, os gregos construíram um enorme cavalo de madeira dentro do qual esconderam um grupo dos seus melhores soldados. Os gregos então fingiram bater em retirada navegando para longe, e deixaram o cavalo. Diante disso, os troianos levaram o cavalo para dentro dos muros de Troia como um troféu. Na noite seguinte, os soldados escondidos no cavalo de madeira abriram os portões da cidade para o exército grego, que havia navegado de volta sob o manto da noite.

O CAVALO DE TROIA DO CASTELO DE MOTA REVERSO

A estratégia do cavalo de troia do castelo de mota reverso envolve três elementos. Primeiro, diferente do castelo de mota, uma posição mota (incontestável) é proposta por um ou por vários participantes *woke*. Segundo, a posição mota é geralmente introduzida por meio do uso de uma palavra cambiante *woke*. Terceiro, uma vez que a palavra cambiante *woke* foi aceita e integrada à situação (isso pode levar

O ESTRATAGEMA *WOKE*

muito tempo), o(s) participante(s) *woke* passa(m) a sustentar que a interpretação correta da palavra cambiante é o significado radical dado pela Justiça Social Crítica. Assim, o cavalo de Troia é a palavra cambiante *woke*, que passa despercebida até que a manobra se torne explícita.

Uma situação clássica envolvendo o cavalo de Troia do castelo de mota reverso é a negociação em torno da descrição de uma nova contratação departamental. Considere, por exemplo, uma proposta de posição em financiamento de infraestrutura pública. Talvez a intenção original da contratação proposta fosse encontrar um especialista em meios de pagamento da infraestrutura pública, para corrigir a falta de especialização nessa área no departamento. Juntamente com o cargo haveria uma descrição da especialização e das áreas de pesquisa procuradas, tais como:

"O departamento procura um candidato com especialização em financiamento de estrutura pública em áreas como: elétrica, sistema de esgoto, águas pluviais, transporte ou infraestrutura de comunicação, em contextos mundiais desenvolvidos ou em desenvolvimento."

Nesse contexto, um cavalo de Troia de castelo de mota reverso começaria com um professor *woke* sugerindo a inclusão de uma palavra ou um conceito cambiante na descrição. Nesse exemplo, o professor *woke* sugeriria a adição da cláusula "… incluindo pesquisa na interseção dessas áreas". Desprevenidos, os professores não entenderão provavelmente por que seria necessário acrescentar tal cláusula, mas a tendência é que não queiram criar caso por algo que parece ser tão inofensivo. Essa é a introdução da posição mota por meio da palavra "interseção".

A palavra "interseção" aqui serve como um cavalo de Troia para o significado de interseção da Justiça Social Crítica (ou seja, de interseccionalidade). A posição aberta será introduzida, e o cavalo de Troia exposto mais tarde.

A posição aberta provavelmente será introduzida na seleção de candidatos depois de feito o anúncio do trabalho e depois de apresentadas as candidaturas. Nesse estágio, os professores *woke* sustentarão que a palavra "interseção" corresponde à sua definição radical e extrema da Justiça Social Crítica. Com base nisso, eles argumentarão que os candidatos da Justiça Social Crítica devem ser considerados na seleção dos candidatos que serão entrevistados, ainda que as características naturais do cargo não fossem as de um cargo da Justiça Social Crítica. Portanto, isso aumenta a probabilidade de que um professor associado à Justiça Social Crítica seja contratado — uma das mais importantes vitórias para a perspectiva da Justiça Social Crítica nas universidades.

2.4.4 TELEGRAFAR, PROJETAR E SUBVERTER/INVERTER

A expressão "telegrafar, projetar e subverter" é inspirada na ideia da "Lei de Ferro da Projeção *Woke*", de James Lindsay. Essa expressão envolve três elementos, como se pode perceber: telegrafar, projetar e subverter/inverter.

A telegrafia é um elemento que fornece uma proposta, ação, reação ou conceito com uma interpretação *woke* malevolente. Essa interpretação malevolente é então projetada como sendo a verdadeira (embora talvez inconsciente) motivação ou intenção dos defensores, e a proposta simplesmente uma tática para promover a verdadeira intenção. Dessa maneira, os dois primeiros elementos correspondem a uma acusação ilegítima e "problemática" (ver Seção 2.1.3) para uma proposta apresentada por meio de uma tática enganosa. O terceiro elemento envolve uma subversão na qual o participante *woke* recorre à problematização da posição do adversário para deslegitimar o adversário e sua proposta.

É fácil perceber que essa tática pode ser eficiente. Em geral, as pessoas não gostam de parecer hipócritas ou de serem vistas como hipócritas, mesmo que não sejam. Quando as intenções e a integridade de uma pessoa (ainda que sejam "somente" inconscientes) são questionadas e problematizadas, essa pessoa pode ficar bastante desestabilizada; talvez desestabilizada o suficiente para desistir de defender uma posição ou uma proposta.

Uma variação dessa tática é substituir a subversão por uma inversão. Isso implica defender de fato o que está sendo criticado, usando, porém, um rótulo diferente para isso, para servir aos propósitos do *woke*. Esse último é usado com frequência em combinação com palavras cambiantes e seus opostos *woke*.

Um exemplo claro de telegrafia, projeção e subversão seria um debate sobre uma proposta para usar votação secreta na tomada de decisão em um departamento. (Ver Seções 2.4.1 e 3.7 para mais considerações sobre a votação secreta.) Defensores da votação secreta podem argumentar em favor do seu uso alegando que permite que pessoas em posições mais vulneráveis participem da tomada de decisões sem precisar manifestar publicamente as suas opiniões a respeito. Para isso, eles podem usar como exemplo a situação dos professores não efetivos. Alguém que telegrafasse, projetasse e subvertesse a proposta poderia agir da seguinte maneira: alegando que a proposta (sobretudo por dar destaque ao exemplo dos professores não efetivos) poderia ser vista como uma forma de ameaçar os professores não efetivos para que não expressem as suas opiniões (telégrafo). Eles podem então sugerir que essa foi (talvez inconscientemente) a intenção dos defensores (projeção). Por fim, poderiam usar esse argumento para se posicionar contra a proposta (subversão).

O ESTRATAGEMA *WOKE*

Um exemplo de telegrafar, projetar e *inverter* é uma escaramuça típica relacionada a uma política de contratação preferencial proposta para pessoas negras. Um professor não *woke* pode se opor a tal prática de contratação alegando que é racista (por envolver distribuição de recursos com base em raça). Diante disso, os participantes *woke* podem então argumentar que tal alegação pode ser vista como uma tentativa de perpetuar estruturas vigentes de opressão, legitimando assim o racismo (telegrafia). De mais a mais, eles podem sem dúvida dizer que a alegação está sendo feita de uma posição de privilégio, e que talvez involuntariamente ela tenha sido feita com esse objetivo em mente (projeção). Por fim, o participante *woke* pode também afirmar que nesse contexto apoiar a política, na verdade, é desafiar as estruturas de opressão existentes, e por isso não é racista; pelo contrário, é antirracista (inversão).

Nesse exemplo percebemos até onde um debatedor *woke* é capaz de chegar. Primeiro eles tentam deslegitimar o argumento original contra as práticas de contratação racistas. Depois, invertem o argumento defendendo algo que eles acusam o seu oponente de ter defendido, que é a legitimação do racismo. Por fim, tudo isso é facilitado com o uso da palavra cambiante "racismo" e seu oposto *woke*, "antirracismo".

2.4.5 OUTRAS MICROTÁTICAS *WOKE*

Esta seção abriga um punhado de outras microtáticas *woke* incluídas para tornar mais completo o assunto, ainda que elas não sejam coerentes tematicamente.

ARROGÂNCIA E SUPERIORIDADE MORAL

Essa tática é predominantemente retórica. Os debatedores *woke* apoiarão avanços com confiança, orgulho e afetação inabaláveis. Ao mesmo tempo, declararão ou sugerirão que qualquer desafio a um progresso *woke* é falência moral, é inimaginável. Assumir uma posição de superioridade moral de modo confiante serve principalmente para reprimir qualquer dissidência. Essa técnica pode ser muito intimidadora e eficaz.

SEMPRE APOIAR UM ALIADO *WOKE*

Em qualquer situação, os professores *woke* darão apoio aos seus aliados *woke* envolvidos em algum avanço. O avanço *woke* em questão não importa muito. Argumentos serão apresentados em apoio, mas não é de fato necessário fornecer argumentos significativos ou adicionais. Os argumentos empregados podem ser lógicos, embora possam também ser enganosos, capciosos e muitas vezes

COMO DESARMAR A CULTURA *WOKE*

simplesmente descarados. O mais importante é demonstrar apoio ao tentar reprimir a divergência. O número de aliados *woke* (compatível com o princípio da Menor Quantidade de Força Necessária) que fornece apoio aumentará em função da quantidade percebida de divergência e da dificuldade em assegurar um avanço vitorioso.

CONFUSÃO COM JARGÃO TÉCNICO

Essa técnica é utilizada em muitos contextos diferentes, mas costuma servir de apoio a aliados *woke*. Os argumentos propostos conterão todos os tipos de jargão da Justiça Social Crítica, quer sejam apropriados, quer não. Como existem muitos jargões da JSC, e considerando que eles muitas vezes parecem sérios e confiáveis (por exemplo, opressão epistêmica, agressão discursiva, heteronormatividade etc.) e que poucos participantes não *woke* sabem o significado desses jargões, eles podem ser empregados impunemente em apoio a um aliado. Na maioria das vezes, esses jargões são usados com o propósito de intimidar e eliminar qualquer dissidência.

DEI COMO FACHADA PARA RECRUTAR APOIADORES *WOKE*

As palavras "diversidade", "equidade" e "inclusão", entre vários outros termos *woke* impactantes (ver Seção 2.3.2), são usadas como fachada para o recrutamento de apoiadores *woke*. Os conceitos são úteis para a perspectiva da Justiça Social Crítica porque à primeira vista parecem inequivocamente positivos. Além do mais, quem os questiona pode facilmente ser tachado de racista ou de intolerante. Por isso é que esses três termos serão usados para a promoção de muitas iniciativas diferentes, e particularmente para o recrutamento de novos membros para determinada situação ou lugar de opressão (comitê, departamento, disciplina e assim por diante).

Na realidade, essas palavras são usadas para o recrutamento de pessoas que concordam com a perspectiva da Justiça Social Crítica, que podem ser convencidas dessa perspectiva ou que podem ser obrigadas a acatá-la. Apenas muito raramente (na verdade, eu jamais vi isso, mas suponho que tenha acontecido graças a apoiadores do *woke* com princípios extraordinários) os apoiadores serão recrutados com base em diversidade, equidade ou inclusão, mas não apoiarão ativamente a perspectiva da Justiça Social Crítica, ou pelo menos não resistirão a ela.

SAÍDA DRAMÁTICA

A saída dramática é uma tática de duas fases. Na primeira fase, um apoiador do *woke* ameaça de modo dramático e ostensivo abandonar determinada situação em protesto por uma decisão contrária a um progresso *woke*. Esse gesto pode ser acompanhado de um apelo à identidade do apoiador do *woke* e/ou de uma acusação implícita ou explícita de intolerância por parte das pessoas que se opõem à manobra *woke* em questão.

Tome como exemplo a seguinte situação: suponha que um apoiador do *woke* tenha dito algo como "eu sinto que essa decisão me afeta, pois apaga a minha identidade 'x'". A ameaça de sair é usada para angariar simpatia (e também para suscitar culpa associada à simpatia) em favor do membro *woke* e de sua posição. Outros participantes da situação podem ser influenciados e colocar em dúvida a sua decisão, podendo cogitar abandonar a sua resistência a um avanço *woke*.

Se a ameaça não surtir efeito, o apoiador do *woke* pode cumprir o que disse e se retirar (da reunião, do comitê e, em casos extremos, do departamento ou até da universidade). Trata-se no fim das contas de uma medida desesperada. Os efeitos dessa medida podem ser negativos ou positivos.

A saída do participante *woke* pode acabar sendo benéfica, pois haverá um membro *woke* a menos na situação. Infelizmente, a tática pode também ter efeitos prolongados. Pode deixar uma poeira de dúvida na situação e causar danos por longo tempo, pois a intenção inicial da ameaça (atrair simpatia e gerar culpa) pode funcionar a longo prazo. Desse modo, ela é mais ou menos como uma mina terrestre: pode explodir ou não. Se os efeitos serão negativos ou positivos, isso dependerá da flexibilidade da situação ou da instituição.

OPOSIÇÃO PASSIVO-AGRESSIVA

Na etapa inicial de enraizamento, as políticas dos apoiadores do *woke* pareciam funcionar contra uma agenda da Justiça Social Crítica, por meio de comportamento passivo-agressivo.[3] O comportamento passivo-agressivo é caracterizado menos por uma oposição explícita do que por uma combinação de não oposição aberta e oposição dissimulada. Um exemplo típico seria um membro que não concordasse com determinada política, mas concordasse em ajudar em sua implementação. Contudo, durante a etapa de implementação ele não faria o que teria de fazer, não cumpriria os prazos ou faria isso de forma errada a fim de atrasar o progresso da proposta. Como consequência disso, as iniciativas podem perder totalmente o ímpeto e nem sequer ser implementadas. Isso é feito principalmente na etapa inicial de enraizamento porque é um movimento discreto.

COMO DESARMAR A CULTURA *WOKE*

2.5 RESUMO DAS MICROTÁTICAS *WOKE*: SUBTERFÚGIO, APOIO EXCESSIVO E ELIMINAÇÃO DA DISSIDÊNCIA

Até aqui eu me concentrei na concepção de mundo *woke*, nos próprios *woke*, no éthos *woke* e nos conceitos, princípios e nas táticas específicas *woke* usados para promover as metas da perspectiva da Justiça Social Crítica nas universidades. Nesta seção eu classifico as microtáticas *woke* com base nos conceitos das seções anteriores. A classificação ajuda a resumir as microtáticas, e também servirá como referência para entender a armadilha *woke* e saber como lidar com ela.

De modo geral, as microtáticas *woke* podem ser classificadas em três categorias: subterfúgio, apoio excessivo e eliminação da dissidência. Embora as táticas em cada uma dessas categorias possam ser empregadas em quase todas as situações, há uma correlação entre a categoria das táticas utilizadas e a etapa de enraizamento da perspectiva da Justiça Social Crítica. Existe similarmente uma correlação entre o estágio de enraizamento e o vigor das microtáticas.

É útil recordar as diferentes etapas de enraizamento (ver Seção 2.1). No enraizamento em estágio inicial há uma pequena proporção de apoiadores do movimento *woke*. Os avanços são discretos e caracterizados pela menor quantidade de força. O enraizamento em estágio avançado pede uma proporção maior de participantes *woke*, embora menos que a maioria. Nessa fase, os avanços são menos discretos e mais vigorosos do que no enraizamento em estágio inicial. Por fim, no estágio final de enraizamento, há uma grande proporção de participantes *woke* (talvez a maioria), e os avanços e as táticas são mais vigorosos.

Táticas de subterfúgio na fase inicial de enraizamento são empregadas para ajudar a firmar a presença da perspectiva da Justiça Social Crítica. Ou seja, as noções de jsc são introduzidas e plantadas, as iniciativas não *woke* são derrotadas por meio de comportamento passivo-agressivo, os aliados são identificados e as fileiras de apoiadores do *woke* crescem, se for possível fazer isso de maneira discreta.

A fase avançada e a fase final do enraizamento visam alterar o equilíbrio de poder percebido e a aceitação da perspectiva da Justiça Social Crítica. O enraizamento avançado envolve o recrutamento ativo e ostensivo de aliados *woke* e recorre ao exagero no número observado de participantes *woke*. Isso faz pensar que o apoio é maior do que na verdade é.

Por outro lado, a fase final do enraizamento se concentra em reprimir a dissidência, o que exige obrigatoriamente o uso de táticas mais contundentes. A combinação das duas últimas categorias de microtáticas tem por objetivo dar a impressão de que a perspectiva da Justiça Social Crítica é mais aceita do que na verdade é. Essa impressão dá ao *woke* uma vantagem indevida. Portanto, isso facilita os avanços do *woke* e fortalece ainda mais a perspectiva. A Figura 2.1 representa a relação entre o enraizamento da Justiça Social Crítica, as categorias táticas e o vigor dos avanços e das táticas.

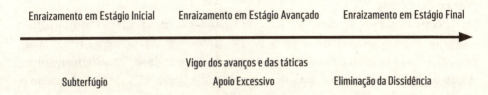

Figura 2.1: Relação entre o enraizamento da Justiça Social Crítica e o vigor das táticas.

Utilizando esse esquema podemos colocar as microtáticas *woke* nas três categorias táticas. O subterfúgio está associado ao enraizamento em fase inicial e às táticas que envolvem a menor quantidade de força. O subterfúgio envolve o uso de táticas difíceis de reconhecer e que se valem de manipulação emocional. Assim, as táticas caracterizadas como subterfúgio incluem o uso de palavras cambiantes *woke*, apito para cachorro *woke*, ênfase na emoção e na experiência, a maioria das táticas que subverte a tomada de decisão liberal, oposição passivo-agressiva e o cavalo de Troia do castelo de mota reverso.

O excesso de apoio está associado ao enraizamento em estágio avançado, e as táticas empregadas são mais agressivas. As táticas usadas para exagerar o apoio incluem o recrutamento aguerrido de aliados *woke*, assumir posição de superioridade moral, o pátio aberto do cavalo de Troia do castelo de mota reverso e a saída dramática.

Por fim, a repressão contra a dissidência é feita sobretudo mediante intimidação contundente, e por isso inclui táticas como ataques *ad hominem*, uso do consenso como coerção, enxurrada, cancelamento, desplataforma e demissão.

2.6 A GRANDE TÁTICA: INFECÇÃO VIRAL *WOKE*

Na seção anterior, examinamos muitas microtáticas individuais que são usadas para fazer o *woke* ganhar terreno nas universidades. Podemos considerar que essas microtáticas estão a serviço da "grande" tática em escala maior, a infecção viral *woke*, inspirada em Lindsay, 2020b.

Como foi descrito no capítulo 1, o projeto político *woke* é a equidade (a redistribuição compensatória de recursos de acordo com a identidade de grupo), com a redistribuição saindo das mãos de grupos históricos "opressores" e fluindo para

COMO DESARMAR A CULTURA *WOKE*

grupos historicamente "oprimidos". A conquista da equidade deve ser feita por meio do desmanche de todas as instituições existentes (comitês, departamentos, faculdades, universidades, disciplinas, agências de financiamento e governos); cada uma dessas instituições é considerada um espaço em que a opressão deve ser exposta e derrubada.

Na prática, essa derrubada é feita no final das contas pela substituição gradativa de participantes não *woke* por participantes *woke*. Tendo em vista que os professores são os soldados rasos das burocracias universitárias, o sistema de produção do conhecimento e a máquina disciplinar, a derrubada de todo o sistema acadêmico se dá pelo recrutamento de professores *woke*. O avanço começa a ser feito por meio de departamentos, e dos departamentos para o restante das universidades, disciplinas, agências de financiamento e governos. Quando possível, isso envolve a remoção de professores não *woke* (ver, por exemplo, Seção 2.4.2), mas em virtude das barreiras impostas pela estabilidade a abordagem principal é sobrecarregar em lugar de remover. Embora tenham obtido maior êxito até o momento nas áreas de artes plásticas, ciências sociais e humanidades, as tentativas de derrubar as áreas CTEM (ciência, tecnologia, engenharia e matemática) caminham em bom ritmo.

A derrubada é feita da mesma forma que um vírus infecta uma célula. A alegoria do vírus é usada pelos defensores da perspectiva da Justiça Social Crítica (por exemplo, Fahs e Karger, 2016) e também por seus críticos (como Lindsay, 2020a). Os vírus se fixam e então infectam as células graças aos receptores nas células hospedeiras. Os receptores reconhecem e se ligam a proteínas úteis para as células hospedeiras, mas os vírus podem imitar as proteínas e dessa maneira se ligar às células hospedeiras. Uma vez ligado a uma célula, um vírus pode entrar nela e utilizar o próprio mecanismo da célula para se replicar. Depois de replicadas, as cópias dos vírus podem se libertar da célula hospedeira para infectar outras pessoas e continuar se propagando (Freundenrich e Kiger, 2020).

Prosseguindo com a analogia do vírus, podemos pensar nos espaços de opressão como o equivalente a células que podem ser infectadas pela perspectiva da Justiça Social Crítica. Cada lugar de opressão tem receptores diferentes, os receptores "críticos" e de "diversidade" são os receptores mais comuns. Esses receptores podem ser usados e o são para infectar lugares/células com o vírus da Justiça Social Crítica. Os espaços mais comuns e importantes para a disseminação do vírus JSC são departamentos de universidade e entidades disciplinares, tendo em vista que são a via de acesso para o mecanismo e a aparelhagem de todo o sistema de produção do conhecimento. Tradicionalmente, a infecção acontece principalmente devido ao receptor "crítico". Mais recentemente, a infecção se deu por meio do

O ESTRATAGEMA *WOKE*

receptor da "diversidade". Por fim, a frente de batalha mais inquietante atualmente é a infecção através do receptor "social/sociedade" nas áreas CTEM.

2.6.1 INFECÇÃO PELO RECEPTOR CRÍTICO

O vírus da Justiça Social Crítica infecta por meio do receptor crítico da seguinte forma. Em primeiro lugar, aproveita-se da vulnerabilidade dos acadêmicos a um espírito geral de ceticismo, apelando para a palavra "crítico". A própria palavra "crítico" é um termo cambiante que não significa crítico no sentido de pensamento crítico, mas sim mantém o significado *radical* de Justiça Social Crítica (ver Seção 2.3.2 sobre palavras cambiantes). Em segundo lugar, diz-se que o lugar de opressão atual é deficiente porque lhe falta uma perspectiva crítica. Em terceiro lugar, a identificação dessa fraqueza anda lado a lado com uma proposta para incorporar a perspectiva crítica, mais comumente incluindo mais apoiadores do *woke*. Dessa maneira, a tática pode ser descrita assim: introduzir a noção de ponto crítico, denunciar o espaço por não ser crítico o bastante, agregar novos apoiadores críticos.

Em um contexto departamental típico, esse processo de três passos resultaria na proposta de contratar um professor que adotasse uma postura "crítica" a respeito de qualquer coisa que o departamento decidisse se concentrar; por exemplo, estudos jurídicos *críticos*, análise literária *crítica*, geografias *críticas*, raça *crítica* e assim por diante. Realizado esse avanço, os "acadêmicos" críticos utilizarão as microtáticas *woke* para recrutar outros acadêmicos críticos até que o departamento fique repleto deles e a perspectiva da Justiça Social Crítica completamente enraizada. O vírus também é disseminado quando estudantes formados no departamento saem para infectar outros anexos da universidade e da burocracia disciplinar. Foi por meio desse processo que os departamentos e as disciplinas de artes plásticas, ciências sociais e humanidades acabaram em sua maioria dominados pela perspectiva da Justiça Social Crítica.

2.6.2 INFECÇÃO PELO RECEPTOR DA DIVERSIDADE

Cada vez mais a infecção pela perspectiva da Justiça Social Crítica ocorre por meio do receptor da diversidade. O vírus da JSC infecta através do receptor da seguinte maneira: assim como ocorre com a palavra "crítico", "diversidade" é uma palavra cambiante de sonoridade impactante e de significado radical, semelhante a "equidade". Em primeiro lugar, o agradável som dos méritos da diversidade é proclamado. Em segundo, o espaço em questão é criticado por ser falho em termos de diversidade, que é insuficiente. Em terceiro lugar, são defendidas propostas para

COMO DESARMAR A CULTURA *WOKE*

ampliar a diversidade. A infecção por meio do receptor da diversidade é um pouco mais sutil (ver Seção 2.4.5). O propósito de um recrutamento baseado em diversidade tem menos que ver com diversidade do que com o recrutamento de apoiadores que adotem, que não resistam ou que possam ser obrigados a seguir a perspectiva da Justiça Social Crítica. Em outras palavras, a diversidade é um disfarce para a realização do recrutamento de apoiadores *woke*.

Em um contexto disciplinar típico, como uma sociedade acadêmica de alguma forma, o processo pode se dar da seguinte maneira: primeiramente, os méritos da diversidade para a disciplina serão enfatizados. Em segundo lugar, a disciplina será criticada por sua falta de diversidade em várias dimensões, tais como sexo, cor da pele, orientação sexual etc. Em terceiro lugar, as políticas para ampliar a diversidade andarão lado a lado com tentativas de recrutar novos participantes, trazendo uma nova perspectiva diferente (e "crítica") para a disciplina. Esse processo costuma envolver o recrutamento de apoiadores do *woke* ou de admiradores do *woke*, que é de fato o principal objetivo do aumento da diversidade.

2.6.3 INFECÇÃO PELO RECEPTOR SOCIAL NO CTEM

Por fim, é também por meio desse processo que as áreas CTEM estão sendo infectadas, ainda que de forma ligeiramente mais sutil. É mais sutil porque ainda não é possível defender a engenharia *crítica* ou a física *crítica*.[4] Nessas áreas, a perspectiva crítica é introduzida mais frequentemente mediante expressões sociológicas como "social" ou "sociedade".

Tal como ocorre com as palavras "crítico" e "diversidade", as palavras "social" e "sociedade" parecem inofensivas, positivas e indubitavelmente benéficas. É por esse motivo que vemos tentativas de contratar professores ou de começar novos departamentos ou subdisciplinas relacionados a aspectos sociológicos ou sociais de uma disciplina CTEM, como computação *e sociedade* ou engenharia *e sociedade*. Esses apoiadores, subdisciplinas, institutos ou departamentos representam para a perspectiva da Justiça Social Crítica a porta de entrada para as áreas CTEM. Depois que atravessam essa porta de entrada, os apoiadores trabalham para desacreditar e tirar a legitimidade das áreas CTEM insistindo na necessidade de perspectivas "críticas" ou mais "diversas" nessas áreas. Quando terminam, essas disciplinas também passam a reproduzir a perspectiva da Justiça Social Crítica em departamentos, faculdades, universidades e além.

3.
CONTRA O
ESTRATAGEMA *WOKE*

O segundo capítulo deste manual abordou vários conceitos, estratégias e táticas que integram a armadilha *woke*. O terceiro capítulo introduz e descreve maneiras de deter a trapaça *woke* em seu departamento, faculdade, universidade e além.

3.1 COMO IDENTIFICAR A ARMADILHA *WOKE* ANTES QUE SEJA TARDE DEMAIS

Para combater a armadilha *woke*, antes de mais nada é preciso reconhecê-la. Várias estratégias podem ser empregadas para essa finalidade.

3.1.1 LEVE O PROBLEMA A SÉRIO

Muitas pessoas, mesmo cientes de alguns dos mais graves resultados da perspectiva da Justiça Social Crítica, não a levam a sério e não acreditam que possa afetá-las. Esse pensamento é bastante comum entre professores em disciplinas e departamentos nos quais a perspectiva da JSC não está enraizada. É possível observar esse fato com mais frequência em engenharia e nas ciências sem vocação ambiental. Em sua maioria, esses professores não sabem nada a respeito da perspectiva da JSC, portanto são não iniciados. Eles podem associar a confusão *woke* a disciplinas que passam pouca seriedade, como as de artes plásticas, humanidades e a maior parte das ciências sociais. Eles também podem considerar essa confusão quase cômica e darem graças por suas disciplinas não serem prejudicadas.

Mas não são apenas os não iniciados que não dão a devida atenção à perspectiva da Justiça Social Crítica. Os dissidentes *woke* podem enxergar a JSC com menosprezo e insolência. Eles sabem algumas coisas sobre a perspectiva da JSC e talvez achem que o desatino e as contradições óbvias dessa perspectiva signifiquem que as pessoas sérias não sucumbiriam a ela. Em consequência disso, podem concluir que a perspectiva da JSC representa pouca ameaça para eles ou para a sua disciplina. Evidentemente, agora ficou provado que isso é, na melhor das hipóteses, ingenuidade, e na pior das hipóteses, é simplesmente um erro.

A verdade é que vem diminuindo com rapidez o número de disciplinas nas quais a perspectiva da Justiça Social Crítica não está enraizada e nas quais haja pouca ameaça de enraizamento. Não há dúvida de que agora as áreas CTEM são o novo campo de batalha na luta da Justiça Social Crítica (ver, por exemplo, Abbot, 2017; Domingos, 2021; Kay, 2020) rumo ao domínio das universidades. Além disso, a situação em qualquer disciplina, departamento, universidade etc. pode mudar bem rápido, com frequência (aparentemente) sem aviso e muitas vezes sem possibilidade de volta. Por isso que a perspectiva da JSC e sua capacidade de avançar sobre toda e qualquer disciplina não devem ser subestimadas. Professores de todas as disciplinas têm de estar atentos aos sinais do avanço desse movimento, e o mais importante: precisam levá-lo muito a sério.

3.1.2 FAMILIARIZE-SE O MÁXIMO QUE PUDER COM A PERSPECTIVA DA JUSTIÇA SOCIAL CRÍTICA

Quanto mais você compreender a perspectiva da JSC, mais eficazmente será capaz de reconhecê-la e conter os seus avanços. Isso não quer dizer que para tentar enfrentá-la você terá de ler todos os artigos da revista *Gender, Place and Culture* [Gênero, Lugar e Cultura]. Embora a literatura sobre Justiça Social Crítica seja vasta, e em sua maior parte inacessível a leitores não iniciados, isso não o impede de entender o básico. Em parte, isso acontece porque cada vez mais surgem fontes que podem ser compreendidas por não especialistas. A melhor fonte para compreender a perspectiva da Justiça Social Crítica atualmente disponível é o livro *Teorias cínicas*, de Pluckrose e Lindsay. Allan Bloom (2012) e Stephen Hicks (2011) fornecem excelentes descrições das longas raízes históricas e do desenvolvimento da perspectiva JSC. O site New Discourses[1] também é excelente e contém uma "enciclopédia" da terminologia da Justiça Social Crítica.[2]

Além disso, a perspectiva e os fenômenos associados a ela podem ser surpreendentemente reduzidos a três princípios compreensíveis: o princípio do conhecimento, o princípio político e os princípios disciplinares (ver Seção 1.2). Se você conhece esses princípios, então será capaz de compreender praticamente qualquer palavra, subdisciplina, fenômeno e tática da JSC. Desse modo, mesmo uma pequena quantidade de tempo dedicado à compreensão da perspectiva JSC pode ser surpreendentemente proveitosa. Isso pode ajudá-lo a entender os avanços da Justiça Social Crítica, identificá-los, explicá-los aos outros e combatê-los.

3.1.3 ESTEJA SEMPRE ATENTO

Como já vimos, os professores dissidentes precisam ter consciência de que o éthos *woke* encoraja os seus apoiadores a tentarem sempre promover as metas da Justiça Social Crítica. Eles também precisam ter consciência de que tentar sempre avançar e ganhar terreno é um princípio fundamental do estratagema *woke* (ver Seção 2.2.1). Em decorrência disso, é necessário que os dissidentes estejam continuamente atentos aos sinais de avanço *woke*. Essa tarefa não é difícil nas etapas de enraizamento intermediária e final, pois os avanços *woke* serão óbvios e barulhentos. Antes do enraizamento, porém, ou na etapa inicial de enraizamento, os avanços tenderão a ser sutis. Por essa razão é que é particularmente importante se manter atento antes do enraizamento ou durante o início do enraizamento; a perspectiva da Justiça Social Crítica pode ganhar impulso rapidamente — e quando isso acontece, é bastante difícil pará-la.

3.1.4 OBSERVE AS PALAVRAS *WOKE*

Preste atenção principalmente às palavras *woke*. Existem dois tipos de palavras para observar: as palavras cambiantes *woke* e as palavras e expressões *woke* evidentes. Como foi explicado na Seção 2.3.2, as palavras cambiantes *woke* são termos simples com significados comuns e de compreensão clara, mas que têm também significados radicais ligados à Justiça Social Crítica. Palavras cambiantes são empregadas como apito para cachorro, para que os apoiadores do *woke* possam se identificar e se comunicar entre si. Os apoiadores do *woke* identificam aliados para encontrarem uma causa comum e se juntarem a fim de exagerar o apoio a avanços *woke*. Palavras cambiantes também são usadas para que sorrateiramente sejam injetados conceitos de Justiça Social Crítica em todos os componentes da infraestrutura administrativa e intelectual — de planos de curso a páginas da internet, descrições de cargos de professor para recrutamento, políticas para a instituição inteira e assim por diante.

Em momentos decisivos, o significado *woke* das palavras cambiantes previamente introduzidas será exigido para que as metas da Justiça Social Crítica avancem. Isso é conhecido como cavalo de Troia do castelo de mota reverso (consulte a Seção 2.4.3). A lista de palavras cambiantes não é longa como a de palavras *woke* evidentes, mas é importante conhecê-la — em parte para que se saiba como essas palavras são usadas secretamente, e em parte devido à tática eficaz que é a injeção de conceitos *woke* quando são usadas.

COMO DESARMAR A CULTURA *WOKE*

Eis uma lista das palavras cambiantes *woke* mais comuns:

- crítico
- descolonização
- discurso
- diversidade
- empoderamento
- equidade
- inclusão
- interseção

- justiça
- libertação
- conhecimento(s)
- narrativa
- perspectiva(s)
- privilégio
- raça/racismo
- resistência

Se você vir ou ouvir alguma dessas palavras, sobretudo se alguém tentar insistir nelas (por exemplo, acrescentá-las a um documento, descrição de curso, site da internet etc.), tenha em mente que você provavelmente está diante de um avanço *woke*.

Palavras e expressões *woke* evidentes são mais fáceis de reconhecer, mas é menos provável que sejam usadas antes do enraizamento ou no estágio inicial de enraizamento. Ainda assim, vale a pena ficar atento, pois elas podem aparecer antes da fase inicial de enraizamento ou na própria fase inicial. É fácil detectá-las porque elas se destacam. Segue-se logo a seguir uma lista de categorias de palavras evidentes *woke*. A melhor fonte para encontrar essas palavras é a Enciclopédia da Justiça Social New Discourses.[3]

1. **Palavras que parecem muito técnicas e que frequentemente têm origem na filosofia:** Típicas dessa categoria são palavras como "dialético", "epistemologia" e "hegemonia".

2. **Palavras que parecem combinar várias palavras que normalmente não se associam:** Muitas vezes elas também não parecem nada intuitivas. Palavras e expressões típicas nessa categoria são "privilégio binário", "heterossexualidade compulsória", "exploração epistêmica", "competência cultural", "metanarrativa" etc.

3. **Palavras que parecem ter sido inventadas:** Essa categoria abarca palavras como "autossexualidade", "colorismo", "nome morto", "episteme", "cisgênero", "heteronormatividade" etc.

4. **Palavras que são soletradas de modo diferente do habitual:** Essas palavras recebem letras estranhas, particularmente "x". Exemplos dessas palavras são "todxs", "elus", "amigxs".

5. **Palavras que descrevem a sociedade ocidental, mas que são usadas em sentido claramente negativo:** Palavras comuns nessa categoria são "Ocidente", "liberalismo", "capitalismo", "moderno", "modernidade".

6. **Palavras que tradicionalmente são positivas em linguagem comum, mas que são usadas negativa ou depreciativamente, sobretudo as relacionadas à tradição filosófica ocidental:** Exemplos dessas palavras são "lógica", "razão", "argumento", "Iluminismo", "liberdade", "livre-arbítrio", "escolha", "individualidade" etc.

7. **Palavras e expressões que contêm referências explícitas a grupos identitários, embora também pareçam inventadas:** Isso inclui palavras como "negritude", "branquitude", "privilégio branco", "traidor do gênero", "vergonha da gordura" etc.

8. **Palavras ou expressões que parecem maléficas ou perversas:** Elas são frequentemente o antônimo de palavras cambiantes que soam generosas (por exemplo, "exclusão" *versus* "inclusão"). Algumas palavras comuns que se encaixam nessa categoria são "colonialismo", "conflito", "opressão", "viés", "falsa consciência", "luta".

9. **Palavras que são o oposto de palavras cambiantes:** Palavras cambiantes muitas vezes têm palavras *woke* complementares opostas às quais são justapostas. Desse modo, por exemplo, "racismo" é frequentemente justaposto a "antirracismo", "colonização" a "descolonização", "exclusão" a "inclusão" etc.

Se você ouvir alguma dessas palavras ou expressões, é bem provável que a pessoa que as usou ou que defendeu o seu uso está de acordo com a perspectiva da Justiça Social Crítica. Você também deve esperar que o seu uso seja parte de um avanço *woke*. Se você escutar alguma palavra que jamais havia escutado antes, mas que pode se encaixar em alguma dessas categorias, consulte se possível a Enciclopédia da Justiça Social.[4]

3.2 O COMBATE AO ESTRATAGEMA *WOKE*: ABORDAGENS GERAIS

Na seção anterior, mostramos como identificar os avanços e as armadilhas *woke*. Agora trataremos do combate propriamente dito à armadilha *woke*. Nós nos concentraremos em abordagens gerais.

3.2.1 SE VOCÊ VIR ALGUMA COISA, FALE

Um dos motivos pelos quais a Justiça Social Crítica abre caminho em nossa sociedade com tanta eficiência é que mesmo quando as pessoas identificam um avanço da JSC, geralmente elas nada dizem. Em parte, isso ocorre porque esses avanços costumam parecer tão pequenos e inofensivos que dizer algo a

COMO DESARMAR A CULTURA *WOKE*

respeito não parece valer a pena. Claro que o problema é que as pessoas se sentem constrangidas, acham que não estão se dando bem com os seus colegas, que estão "desagregando" em vez de se comportarem como uma equipe. É importante reconhecer que esses sentimentos são todos consequência das estratégias e táticas *woke*.

Tentar avançar sempre, como já mencionei anteriormente, é um princípio crucial do estratagema *woke*. Tentar realizar avanços sempre, mesmo quando não são apropriados, é uma manobra que visa tirar proveito da boa vontade das pessoas e de sua natureza geralmente não afeita a confrontos. Fazer avanços quando eles não são apropriados também torna as coisas estranhas; isso causa constrangimento às pessoas, encoraja-as a deixar passar o avanço e as desencoraja de fazerem oposição. Apelar ao "consenso" e utilizar o consenso como coerção (ver Seção 2.4.2) são táticas que também serão empregadas para obrigar as pessoas a "continuarem juntas" e minar sua disposição de se oporem aos avanços *woke*.

Assim, os dissidentes que se calam não reconhecem duas coisas. Em primeiro lugar, eles não avaliam os impactos que o seu silêncio causará a longo prazo. Pequenos avanços podem (e buscam) se tornar grandes avanços no futuro. Em segundo lugar, as pessoas não compreendem quão eficaz pode ser uma pequena oposição, e mesmo a oposição moderada — sobretudo na fase inicial de enraizamento. Cada vez mais chegam até mim informações de avanços da Justiça Social Crítica que foram neutralizados apenas porque foi levantada uma objeção justa, porém moderada.

É evidente que fazer objeções nem sempre traz como consequência apenas um pequeno mal-estar. Quanto mais a perspectiva da Justiça Social Crítica se aprofunda, mais provável se torna o uso de táticas mais extremas de intimidação (ataques *ad hominem*, tentativas de cancelamento), que podem ser muito mais ameaçadoras. Nesse contexto, fazer oposição não é nada fácil, sem dúvida. É por esse motivo que vale a pena falar e expressar objeções antes do enraizamento ou então no seu início. Trata-se de obter proteção de longo prazo contra a armadilha *woke* ao custo de um pequeno mal-estar.

Dizer alguma coisa quando você vê algo ajuda a combater os três principais tipos de táticas *woke* de uma só vez. Em primeiro lugar, combate os subterfúgios, expondo os avanços no momento em que foram percebidos. Em segundo, diminui a capacidade dos participantes do *woke* de darem apoio exagerado a determinado avanço. Em terceiro, expressar oposição mina as tentativas de reprimir a dissidência. Além do mais, também ajudará outros potenciais dissidentes a reconhecerem você como aliado.

3.2.2 PERMANEÇA DESCONFIADO E CÉTICO

Tendo em vista o princípio liberal tradicional de boa-fé e caridade na interpretação, é natural dar o benefício da dúvida a um apoiador *woke* quando ele realiza uma exposição. As exposições *woke* costumam envolver a apresentação das posições da mota e do pátio ao mesmo tempo (ver Seção 2.4.3, na tática retórica do castelo de mota). Isso traz duas consequências. A primeira é que o interlocutor *woke* pode lançar mão da tática do castelo de mota. Isso significa que ele retrocederá para uma posição mota incontestável se uma posição do pátio do castelo (extrema) defendida for questionada. A segunda, porém, é que um interlocutor bem-intencionado pode fornecer ao participante *woke* o benefício da dúvida, acreditando que, embora não concorde com a posição do pátio do castelo, a posição mota é razoável. Por fim, eles podem pensar de si para si que o participante *woke* fez progressos na posição do pátio (talvez por paixão pela crença), mas na verdade tentava "apenas" fazer progressos na posição mota.

Isso pode se desenrolar da seguinte maneira. Imagine que em uma reunião de departamento haja pelo menos um participante *woke* e um bem-intencionado participante não *woke*. Um participante *woke* poderia começar com uma posição mota incontestável (em defesa da qual existem muitas evidências) a respeito de um hiato de desempenho entre candidatos negros e candidatos não negros a um programa de pós-graduação, hiato que seria a causa provável para a representação relativamente baixa de negros no programa. O participante *woke* pode então continuar com uma posição de pátio do castelo extrema de que o hiato de desempenho é causado pela natureza sistematicamente racista da sociedade, e que qualquer hiato de desempenho tem mais a ver com indicadores racistas usados para a avaliação de desempenho do que com alguma diferença verdadeira de desempenho. Por fim, esse apoiador do *woke* poderia desse modo defender a retirada do sistema de avaliação em questão.

O bem-intencionado participante não *woke* provavelmente se solidarizará com as considerações apresentadas pelo participante woke (a posição da mota). Ao mesmo tempo, pode não concordar com a posição do pátio do castelo sobre racismo sistêmico e sobre o racismo inerente do sistema de avaliação. Dessa maneira, ele pode ficar tentado a dar ao colega o benefício da dúvida, convencendo-se talvez de que o seu colega *woke* não acredita de fato na afirmação que faz a respeito de racismo sistêmico.

Em situações assim, é muito importante levar a sério as palavras dos participantes *woke* e manter-se receptivo a esse tipo de argumentação. Ainda mais importante é ter ceticismo e desconfiança com relação a esses argumentos, e também

COMO DESARMAR A CULTURA *WOKE*

com relação às pessoas que expõem esses argumentos, e de forma crítica não dar a elas o benefício da dúvida. (Essa também é uma boa situação para roubar a mota e bombardear o pátio; consulte a Seção 3.2.5, mais adiante.)

3.2.3 TENHA SEMPRE UMA ALTERNATIVA PARA PROPOR

Tendo em vista que os *woke* sempre tentarão ganhar terreno e avançar (ver Seção 2.2.1), é preciso frustrar um avanço sempre que essa tentativa for observada. Frustrar um avanço é fazer oposição a ele, mas é também ter uma alternativa para a proposta *woke*. Se um participante *woke* tentar recrutar um aliado *woke* para um comitê, faça oposição a essa tentativa de recrutamento e proponha um aliado dissidente. Se um participante *woke* propuser a contratação de alguém favorável à Justiça Social Crítica, oponha-se a isso e proponha uma alternativa não *woke*.

3.2.4 JAMAIS DEIXE QUE ELES ACRESCENTEM AS SUAS PALAVRAS

Muitas vezes os *woke* fazem seus avanços simplesmente acrescentando palavras extras. A tática correspondente mais eficiente e traiçoeira é a do cavalo de Troia do castelo de mota reverso (ver Seção 2.4.3). Expliquei anteriormente que é importante dizer se você vir algo. Mas o que você deveria dizer exatamente? Nesse contexto, você deve dizer que as palavras a mais não são necessárias e que não devem ser incluídas. Essa atitude traz duas vantagens. Em primeiro lugar, é provável que as palavras não sejam acrescentadas porque você se manifestou e disse algo. Em segundo lugar, isso provavelmente obrigará o participante *woke* a se identificar como tal. É vantajoso porque você terá a oportunidade de reconhecer devidamente os colegas *woke*; o mais importante, porém, é que outros colegas não *woke* também terão essa oportunidade.

Para ter êxito nesse desafio, é preciso ser capaz de reconhecer palavras *woke*, e principalmente palavras cambiantes *woke* (ver a Seção 3.1). Você também precisará ter uma ideia clara da questão em jogo, e sobretudo deve ter em mente que uma interpretação da questão pela Justiça Social Crítica não pode ser permitida. Se alguém quiser acrescentar a palavra "crítico" a um plano de curso sobre análise de dados proposto recentemente, você pode responder o seguinte: "Esse é um curso sobre aspectos técnicos da análise de dados, e a intenção não é torná-lo um curso que adota uma perspectiva crítica. Essa perspectiva existe em outros cursos do departamento". As coisas provavelmente não chegarão a esse ponto, mas pode ser útil se familiarizar com o que significa a perspectiva "crítica", e particularmente com os seus três princípios essenciais (ver Seção 1.2).

CONTRA O ESTRATAGEMA *WOKE*

3.2.5 ROUBAR A MOTA E BOMBARDEAR O PÁTIO

Outra abordagem que se pode usar para "dizer algo se você vir algo" é "roubar a mota e bombardear o pátio".[5] Como se explicou na Seção 2.4.3, a estratégia retórica do castelo de mota envolve a apresentação de uma posição radical e de difícil defesa, que, no entanto, recua para uma posição de fácil defesa se a posição radical for desafiada. Roubar a mota enquanto se bombardeia o pátio envolve reconhecer a legitimidade da posição da mota, porém desafiar diretamente a posição do pátio.

Na seção sobre o castelo de mota (2.4.3), foi mencionado o exemplo de um professor *woke* defendendo que houvesse uma proporção menor de professores brancos num comitê de contratação. Alegou-se que se poderia justificar tal proposta com base na afirmação radical (pátio) da Justiça Social Crítica de que pessoas brancas são inerente, inconsciente e irremediavelmente racistas. Caso essa afirmação fosse desafiada, uma típica posição mota poderia ser usada como refúgio perguntando-se ao desafiante se ele não acreditava que o racismo existia.

Nesse contexto, roubar a mota corresponderia a responder que o racismo obviamente existe. Por outro lado, bombardear o pátio envolve negar veementemente a questão. Por exemplo, um bom argumento a se usar seria que a afirmação de que todas as pessoas brancas são inerente e irremediavelmente racistas é uma afirmação em si racista, para a qual não há provas; e que o próprio argumento se baseia num entendimento (da Justiça Social Crítica) distorcido não somente da realidade, mas também acerca do que consiste o racismo.

Essa abordagem se assemelha a "jamais deixar que eles acrescentem as suas palavras", porém é mais assertiva e generalizável. Traz as mesmas vantagens, mas pode ser mais confiável e convincente. Ser capaz de usá-la com eficiência exige um maior domínio da perspectiva da Justiça Social Crítica; mas deve ser usada se for possível.

3.2.6 COOPTAR INVESTIDAS *WOKE*

Às vezes, é possível cooptar um avanço *woke* para fazer oposição à armadilha *woke* — mas isso precisa ser feito com cautela. Corresponde a usar uma investida *woke* para introduzir ideias ou temas que se opõem à perspectiva da Justiça Social Crítica. Eu soube de uma situação que serve como exemplo dessa manobra. Professores *woke* propuseram "descolonizar" um currículo que julgaram eurocêntrico demais. Um dissidente do *woke* cooptou a situação concordando em mudar o currículo em troca da inclusão de aulas a respeito de experiências utópicas marxistas na União Soviética, na China e no Sudeste Asiático.

Essa cooptação pode surtir efeito se conseguir subverter as mensagens ou investidas *woke*, mas não está livre de riscos. O mais significativo é o risco de consequências inesperadas. Por exemplo, o currículo divergente pode de fato ser ensinado no curto prazo, mas o precedente de usar a linguagem e os conceitos *woke* como justificativa para moldar o currículo pode facilmente ser utilizado no futuro para investidas *woke* mais ambiciosas.

3.2.7 CHEGUE AO PONTO MAIS ALTO DA CADEIA DE COMANDO QUE VOCÊ PUDER

Quando se faz oposição ao estratagema *woke*, é preciso considerar em que momento exatamente você deve dar combate a ele. Como sugerimos anteriormente, você deve tentar confrontá-lo sempre que se deparar com ele. A verdade é que, quanto mais alto em uma administração você puder levar a resistência à armadilha *woke*, mais impacto essa resistência terá. Isso significa que você deve aproveitar as chances de exercer influência nas esferas mais altas. Por exemplo, é melhor integrar um comitê curricular de corpo docente do que um comitê curricular de departamento, e é melhor integrar um senado universitário do que um conselho docente. Se você puder influenciar os investidores, melhor ainda; e se puder influenciar o governo do seu estado, é ainda melhor.

Embora todos estejam sobrecarregados de trabalho em seus atuais serviços e relutem em assumir mais tarefas, isso não significa necessariamente mais trabalho. Seja como for, espera-se que os acadêmicos colaborem com a administração universitária. Dessa maneira, quando negociar as suas funções, você deve privilegiar as que lhe permitam ter influência no ponto mais alto possível da cadeia de comando.

3.2.8 CERTIFIQUE-SE DE VOTAR!

Como integrante de uma universidade, você muitas vezes é convidado a votar para diferentes posições dentro da hierarquia da universidade. Podem ser votos para cargos de reitor, vice-reitor, diretoria do sindicato, conselho de administração etc. Essas posições são importantes para os rumos que a universidade toma e geralmente são decididas com base em poucos votos.

Essa situação tem duas consequências. Em primeiro lugar, é fácil para participantes *woke*, admiradores do *woke* ou oportunistas (ver Seção 1.6) serem eleitos para tais posições. Isso por si só já é um problema, mas se torna maior quando mais participantes *woke* são representados nos comitês aos quais estão concorrendo. Quanto mais participantes *woke*, mais se enraizará a perspectiva *woke* (ver Seção 2.1.5), mais poderoso será o *woke*, e mais radicais serão as investidas que eles tentarão (investidas essas que provavelmente alcançarão êxito). Em segundo lugar, tendo em vista que essas posições são decididas por tão poucos votos, esses são provavelmente os votos mais "eficientes" que você terá na vida. São eficientes porque o seu voto tem o poder de mudar o resultado.

FAÇA A SUA LIÇÃO DE CASA

Votar é importante, mas só será útil se você votar na pessoa certa. Se você não conhece os candidatos, é importante investir um pouco de tempo para examiná-los. Nos dias atuais, é muito fácil fazer isso com rapidez. Faça uma busca pelos candidatos no Google e veja o site da universidade, que costuma manter um currículo para ser baixado ou um link para os sites privados dos candidatos. Vale a pena buscar saber se eles estão no Twitter e, se estiverem, o que tuitam. É preciso que você saiba como identificar participantes *woke* (ver Seção 3.3.1) com base em sua formação acadêmica, suas abordagens metodológicas e o uso de palavras *woke* evidentes (ver Seção 3.1.4) ou cambiantes (ver Seção 2.3.2).

ARTICULAÇÃO COM ALIADOS

Se você tiver aliados (ver Seção 3.5), pode consultá-los e se articular com eles com relação ao voto a ser dado. Pergunte-lhes o que eles sabem sobre os candidatos. Você pode compartilhar com eles o que descobriu em sua pesquisa. Vocês podem distribuir entre si informações sobre o passado profissional dos candidatos. O ideal seria que vocês votassem nos mesmos candidatos, porque isso aumentaria as chances de eleição de um candidato não *woke*.

3.3 IDENTIFICANDO ALIADOS

Na última seção, tratamos de estratégias gerais de oposição ao estratagema *woke*. A presente seção é a primeira de uma série que aborda um movimento essencial para a resistência bem-sucedida à armadilha *woke*: trabalhar coletivamente com aliados. Para uma pessoa operando sozinha, é difícil combater as investidas *woke* coordenadas e contínuas, sobretudo quando a perspectiva da Justiça Social Crítica se enraíza. Quanto mais aliados houver por perto, mais pessoas haverá para se coordenarem contra os avanços *woke*.

3.3.1 COMO IDENTIFICAR ADEPTOS DO *WOKE*

O primeiro passo para identificar aliados é conseguir identificar aqueles que não são aliados, isto é, os apoiadores do *woke*. O grau de dificuldade para identificar

COMO DESARMAR A CULTURA *WOKE*

apoiadores do *woke* dependerá bastante do estágio de enraizamento da perspectiva da Justiça Social Crítica. Quanto mais enraizada a perspectiva da JSC estiver, mais fácil será identificar os apoiadores *woke*. Segue-se agora uma série de aspectos a serem observados no processo de identificação de apoiadores do *woke*. Esses aspectos se organizam em ordem crescente de importância, de acordo com o grau em que indicam se um participante é *woke*. Isto é, os primeiros aspectos são menos determinantes na detecção de seguidores *woke*, e os últimos são mais relevantes.

O uso de palavras cambiantes *woke*. O uso de palavras cambiantes *woke* (e de pronomes, tais como neutros em lugar da terceira pessoa do singular "ele" ou "ela") é comum entre adeptos do *woke*, sobretudo quando são usadas de maneira incomum; por exemplo, adicionar a palavra "crítico" quando ela parece supérflua. Palavras cambiantes *woke* terão preferência sobre as palavras evidentes *woke* no estágio inicial de enraizamento. Dessa maneira, e nessas circunstâncias, elas são utilizadas em parte para estabelecer comunicação com outros apoiadores do *woke*, e em parte para preparar o terreno para os primeiros avanços *woke*. O uso de palavras cambiantes, embora seja um recurso muito bom para identificar adeptos do *woke*, não é uma confirmação imediata. Palavras cambiantes são usadas deliberadamente porque podem passar despercebidas e parecem inócuas, portanto elas não serão empregadas necessariamente com o seu significado *woke* ou por adeptos do *woke*.

Ceticismo com relação ao progresso. Uma atitude de claro ceticismo quanto à noção de progresso é característica de adeptos do *woke*. A afirmação de que as coisas são melhores agora do que eram antes é um pensamento iluminista usado para ocultar a verdadeira natureza opressiva da realidade. Sentimentos semelhantes serão aplicados para o pensamento de que as condições ambientais são agora melhores do que antes. Preste atenção também a comentários pejorativos e desdenhosos a respeito de tecnologia, aparelhos eletrônicos etc. Essas não são atitudes indubitavelmente determinantes, já que podem ser compartilhadas pelo admirador do *woke* e pelo não iniciado.

Histórico de formação. Essa é a característica mais facilmente observável para identificar adeptos do *woke*. A Justiça Social Crítica é atualmente a perspectiva intelectual predominante nas áreas de artes plásticas, humanidades e ciências sociais. A área de economia e algumas correntes de filosofia, de psicologia e de ciências políticas continuam ainda livres desse domínio. Assim, se uma pessoa for das áreas de artes plásticas, humanidades ou ciências sociais, há uma grande chance de que seja *woke*.

CONTRA O ESTRATAGEMA *WOKE*

Abordagem metodológica. Como acontece com o histórico de formação, a abordagem metodológica também é uma boa maneira de se descobrir se uma pessoa é ou não *woke*. Pessoas das áreas de artes plásticas, humanidades e ciências sociais cujo trabalho não seja quantitativo ou analítico têm maior probabilidade de serem *woke* do que outros membros das suas disciplinas. Esse indicador se torna particularmente forte se as pessoas das áreas mencionadas se mostram céticas quanto a abordagens quantitativas e quanto ao positivismo de modo geral (isto é, quanto ao método hipotético-dedutivo). Quando tal ceticismo é expresso de maneira cínica ou impertinente é mais uma indicação de que se trata de um adepto do *woke*.

Comportamento em público. Em sua maioria, adeptos do *woke* são eloquentes e seguros de si. Isso está relacionado ao fervor da sua crença na perspectiva da Justiça Social Crítica. Quanto mais eloquentes e seguros de si no que toca aos principais interesses da Justiça Social Crítica, mais provavelmente eles serão *woke*. Quanto mais enraizada estiver a perspectiva da JSC, mais eloquentes e seguros de si eles tenderão a ser (ver Seção 2.1.5).

O uso da projeção *woke*. Nessa técnica, os membros *woke* demonstrarão respeito à perspectiva da Justiça Social Crítica a partir da sua própria "posição", enquanto ao mesmo tempo acusarão outros (tentando envergonhá-los) que se encontram na mesma posição que a deles. Tome como exemplo a seguinte situação: um membro *woke*, branco e do sexo masculino, "reconhece" o seu próprio privilégio de maneira teatral e publicamente. Depois, ele performaticamente faz uma afirmação ou toma uma atitude que demonstra a sua lealdade à perspectiva da Justiça Social Crítica. Ele pode dizer que provavelmente o seu privilégio o impede de opinar a respeito de determinado tópico. A segunda parte dessa manobra é também uma projeção de culpabilidade sobre outros "homens brancos" e um modo de insinuar que eles também não deveriam expressar a sua opinião a respeito do tópico. Essa manobra também pode ser considerada uma técnica de intimidação *woke* (ver Seção 2.4.2).

Reação exagerada à oposição. Adeptos do *woke* são mais propensos a reações exageradas quando encontram resistência a uma investida *woke*. Isso pode se manifestar por uma demonstração incomum de agressividade contra um oponente, por ataques *ad hominem*, por ameaças de abandono ou de desistência, ou mesmo ter uma reação semelhante a um ataque de raiva se a investida *woke* não surte efeito.

O uso de palavras *woke* evidentes. O uso de palavras *woke* evidentes (ver Seção 3.1.4) é a característica mais marcante de um adepto do *woke*. Uma pessoa que não

COMO DESARMAR A CULTURA *WOKE*

seja integrante do universo *woke* não usará tais palavras e provavelmente não as compreenderá ou nem mesmo as conhecerá. Se um indivíduo as usa, é praticamente certo que ele seja *woke*. É menos provável que essas palavras sejam empregadas nas etapas iniciais de enraizamento, e mais provável que sejam empregadas nas etapas avançadas (ver Seção 2.1.5). Seu uso na fase inicial de enraizamento é indicador de pessoa fervorosamente *woke*. Apenas em uma circunstância isso não ocorre: se um opositor usar essas palavras enquanto tenta descrever ou explicar um conceito da perspectiva da Justiça Social Crítica.

3.3.2 CARACTERÍSTICAS DOS POTENCIAIS ALIADOS

Sem dúvida pode ser difícil reconhecer potenciais aliados contra o *woke* dentro dos atuais ambientes acadêmicos, nos quais qualquer insinuação de questionamento à perspectiva da Justiça Social Crítica é vilipendiada. De muitas formas, a identificação de aliados potenciais segue o modelo da identificação de adeptos do *woke*. Embora não haja regras rígidas e rápidas, eis aqui cinco aspectos a serem observados durante uma tentativa de identificação de potenciais aliados.

Opositores claros. Algumas pessoas são destemidas, focadas ou simplesmente combativas opositoras do *woke*. São bem-informadas a respeito da perspectiva da Justiça Social Crítica e se oporão a ela abertamente. Trata-se sem dúvida de potenciais aliados. Essas pessoas são raras.

Histórico de formação. Essa é a característica mais óbvia para a identificação de aliados. Como foi mencionado anteriormente, há bem poucos opositores nas áreas de humanidades, artes plásticas ou ciências sociais. A principal exceção é a área de economia. Exceções também são encontradas em psicologia e em ciência política. Existem mais opositores nas áreas de ciência, tecnologia, engenharia e matemática, e os mais confiáveis (embora possam ser opositores imaturos, não iniciados) estão na engenharia. Disciplinas científicas com vocação ambiental (por exemplo, ciência climática, ciência ambiental etc.) tendem a ter menos opositores ao *woke* e mais indivíduos simpáticos à JSC, ou seja, admiradores do *woke* (ver Seção 1.6.2).

Abordagem metodológica. O tipo de pesquisa faz uma grande diferença na identificação de aliados. Qualquer um que adote métodos quantitativos é provavelmente um aliado. Novamente, no entanto, isso nem sempre acontece porque acadêmicos de disciplinas quantitativas também podem ser admiradores do *woke*.

Comportamento em público. Opositores que tenham opiniões impopulares muito provavelmente guardarão essas opiniões para si mesmos. Sendo assim, pessoas que raramente se manifestam, principalmente a respeito de questões fundamentais para a perspectiva da Justiça Social Crítica, são aliados potenciais ocultos.

Acadêmicos que parecem *woke*, mas não usam palavras *woke*. Essas pessoas formam um grupo relativamente pequeno, mas podem ser aliados poderosos. Fazem parte das áreas de artes plásticas, humanidades e ciências sociais, porém não são *woke*. Podem parecer *woke* exteriormente (roupas, corte de cabelo etc.). É possível identificá-los porque eles não usam palavras *woke* em geral, nem para descrever o seu trabalho, particularmente palavras como "crítico", "opressão" etc. Eles descrevem seu trabalho em termos não hiperbólicos. Podem ser aliados poderosos porque geralmente têm muita familiaridade com a perspectiva da Justiça Social Crítica e a compreendem. Se você não estiver muito familiarizado com a perspectiva JSC, eles podem ajudá-lo a compreendê-la e a entender como combatê-la.

3.3.3 FAZENDO CONTATO COM ALIADOS

Infelizmente, as características que acabamos de expor não podem garantir que um indivíduo seja um aliado. Para identificar com segurança um aliado, é necessário travar contato com ele. Na medida do possível, isso deve ser feito em particular. Pode ser feito de diversas maneiras, mas a melhor é pessoalmente, durante uma refeição ou um café. O encontro pode ser justificado como uma ocasião para avaliar uma possível colaboração ou algo do gênero. Isso também pode ser feito de maneira explícita, com o objetivo de discutir a perspectiva da Justiça Social Crítica. É mais recomendável fazer o convite para o encontro pessoalmente ou por telefone, evitando registros eletrônicos.

O objetivo principal de tal encontro é determinar se o indivíduo é ou não é um possível aliado. A questão é saber se a pessoa está familiarizada com a perspectiva da Justiça Social Crítica. Se estiver, você precisará perguntar o que ela pensa sobre o assunto. A resposta a essa pergunta lhe mostrará se diante de você está um possível aliado. Caso essa pessoa ainda não tenha ouvido falar da Justiça Social Crítica, você terá de estar preparado para lhe dar as explicações necessárias (ver Seção 1.2 na concepção de mundo da JSC); o ideal é que isso seja feito do modo mais objetivo possível. Durante essa conversa, você terá de analisar (talvez com cuidado) as respostas dessa pessoa para saber se seria um possível aliado.

COMO DESARMAR A CULTURA *WOKE*

3.4 DO CONTATO AO TRABALHO EM CONJUNTO PARA DETER O ESTRATAGEMA *WOKE*

Esse passo é importante, já que é a única maneira de determinar com segurança se um indivíduo é um aliado em potencial. É também o melhor modo de determinar se existe possibilidade de trabalhar com essa pessoa na resistência à armadilha *woke*. Nesta seção trataremos do que deve ser feito depois de realizado o contato.

3.4.1 INFORMAR A RESPEITO DA PERSPECTIVA DA JUSTIÇA SOCIAL CRÍTICA

Podemos dividir os aliados entre aqueles que sabem sobre a perspectiva da JSC (dissidentes) e aqueles que não sabem (os não iniciados). Se você conseguir identificar aliados potenciais não iniciados, você pode considerá-los dissidentes potenciais (ver Seção 1.6.5). Não é necessário dar aos dissidentes explicações sobre a perspectiva da Justiça Social Crítica, mas é importante fazer isso no caso de dissidentes potenciais não iniciados. É importante porque dissidentes em potencial provavelmente se oporão instintivamente à Justiça Social Crítica, sobretudo às suas fórmulas (por exemplo, cotas de contratação baseadas em identidade). Eles considerarão as fórmulas injustas e ilógicas, mas não terão as ferramentas analíticas para compreendê-las e não compreenderão a ameaça que a perspectiva representa — para a universidade, para a ciência e para a sociedade. Por esses motivos é que você terá de fornecer-lhes informações sobre a perspectiva da Justiça Social Crítica.

É importante mostrar sucintamente como funciona a perspectiva da Justiça Social Crítica, e também é fundamental enfatizar as implicações da perspectiva. Levando-se em conta que em sua maioria os dissidentes em potencial serão das áreas CTEM, será importante destacar as implicações da perspectiva da Justiça Social Crítica para a ciência. Um bom começo em termos de reconhecimento de terreno são os três princípios da JSC (ver Seção 1.2). Você também pode apresentar aos potenciais dissidentes a documentação que considerou útil para a compreensão da perspectiva da Justiça Social Crítica. Na verdade, eles podem pedir isso claramente. Em minha opinião, as *Teorias cínicas,* de Pluckrose e Lindsay (2020), são uma fonte completa para isso, mas há muitas fontes disponíveis. A seleção das fontes a sugerir pode ser problemática, pois para os não iniciados as fontes podem parecer extremas e barulhentas. A intenção não é assustá-los, portanto você terá de contar com o seu discernimento para fornecer a melhor fonte para cada pessoa.

Quanto às implicações da perspectiva para a ciência, algumas coisas são particularmente importantes. Em outras palavras, segundo a perspectiva da Justiça Social Crítica:

CONTRA O ESTRATAGEMA *WOKE*

- A ciência não pode alcançar a verdadeira natureza da realidade (isto é, não pode obter nenhuma verdade a respeito do mundo);
- A ciência não tem autoridade sobre nenhuma outra forma de compreender o mundo (isto é, não é mais confiável do que religião ou superstição);
- A ciência é inerente e irremediavelmente racista;
- A ciência foi projetada para perpetuar a opressão dos homens brancos europeus em prejuízo de todos os outros; e
- A perspectiva da Justiça Social Crítica é quase inteiramente teórica — baseia-se numa argumentação infalsificável.

Os cientistas em sua maioria reconhecerão a perspectiva da JSC pelo que ela é: anticiência, anticientífica, doutrina infalsificável; exatamente o tipo de coisa que a ciência foi desenvolvida para superar. Isso provavelmente avivará o seu interesse em fazer oposição a investidas *woke* nas universidades, se não nas ciências. Talvez não seja possível comunicar tudo isso em uma reunião. Pode exigir algumas reuniões. Para o não iniciado, essas ideias são muito estranhas, e eles podem precisar de algum tempo para processá-las. (Eu recentemente escrevi um ensaio tendo em mente esse público-alvo, Pincourt, 2021a.)

A motivação para recrutar aliados costuma ser pontual: por exemplo, uma votação iminente envolvendo uma nova contratação em seu departamento. Pode levar algum tempo para que essas ideias sejam processadas, por isso é melhor começar o quanto antes o processo de recrutamento de aliados. É melhor também não apressar o andamento, mesmo que isso signifique sofrer uma investida *woke*. Por outro lado, dependendo da importância da investida, pode ser necessário apressar as coisas.

3.4.2 CONCORDANDO EM TRABALHAR JUNTOS

Quando você se sentir pronto para aceitar alguém como seu aliado, é chegada a hora de trabalharem juntos. Isso não precisa ser formal demais, mas é importante que concordem com a parceria de maneira explícita. Há muitas maneiras de se trabalhar com dissidentes, mas para que essa colaboração seja eficaz são necessárias pelo menos duas coisas:

Concordar em dar apoio um ao outro. Isso é bastante óbvio, mas eficaz. Você terá de concordar em dar apoio ao seu aliado se ele se opuser a uma investida da Justiça Social Crítica. Isso não precisa ser muito elaborado. Na maioria das vezes, significa apenas manifestar publicamente concordância com o seu aliado. Isso diminui a capacidade de participantes *woke* exagerarem no apoio a determinado avanço *woke*. (Uma observação apenas: é melhor manter certa discrição quanto à colaboração. Se estiverem em uma reunião, por exemplo, é melhor não se sentarem juntos.)

Concordar em defender um ao outro. Isso também é bastante óbvio e eficaz. Você terá de concordar em defender seu aliado se alguém criticá-lo ou criticar a argumentação dele contra uma investida *woke*. Na maior parte das vezes, isso significa apenas se expressar publicamente em favor do seu aliado nesse contexto. Se o seu aliado sofrer uma repreensão *ad hominem*, você pode dizer que a repreensão não se justifica e que o seu colega simplesmente está se expressando. Se o argumento for criticado, você pode tentar reformulá-lo. Isso diminuirá a capacidade dos participantes *woke* de reprimir a oposição durante as investidas *woke*.

3.5 A COORDENAÇÃO COM ALIADOS PARA COMBATER O ESTRATAGEMA *WOKE*

Na última seção, vimos como passar do contato ao acordo para trabalhar com um aliado. Agora veremos como se prepara o terreno para combater de fato a armadilha *woke*. Isso depende essencialmente da coordenação com aliados visando a várias metas diferentes.

3.5.1 RECRUTANDO MAIS ALIADOS

Uma tarefa importante é fazer aliados entre pessoas que pensam de maneira semelhante. Quanto mais aliados houver, mais fácil será fazer isso, pois o recrutamento será distribuído facilmente. É melhor que essa tarefa seja feita individualmente. Embora seja possível fazer em conjunto com outros dissidentes, pode ser intimidador para um potencial aliado que esteja sendo abordado. Ao mesmo tempo, é uma boa ideia identificar aliados potenciais com aliados confirmados, pois você terá mais informação à sua disposição a respeito do aliado em potencial. Uma vez identificados, os aliados em potencial podem ser abordados da mesma maneira que foi abordado o seu primeiro aliado (ver Seção 3.3.3).

3.5.2 IDENTIFICANDO LOCAIS DE INTERVENÇÃO

Intervenções ocorrem em situações administrativas específicas nas quais decisões são tomadas: são os locais de intervenção. Você terá de elaborar uma lista de

CONTRA O ESTRATAGEMA *WOKE*

possíveis locais de intervenção, ou pelo menos tomar conhecimento desses locais. Entre eles estão comitês e assembleias de departamentos, de corpo docente e de universitários. Todos esses são possíveis locais de intervenção. Contar com aliados para a identificação desses espaços traz resultados melhores, pois diferentes pessoas conhecem diferentes locais de intervenção por toda a universidade.

3.5.3 CONHECER A ÁREA NO LOCAL DE INTERVENÇÃO

Quando avaliamos diferentes locais de intervenção, é importante saber quem são os participantes e como se comportarão diante das questões e investidas *woke*, e se dirão alguma coisa. Os participantes em sua maioria podem ser divididos entre aqueles que oferecerão apoio aos avanços *woke* ou não se oporão a esses avanços (o *woke* e o admirador do *woke*) e aqueles que mais provavelmente se oporão aos *woke* (dissidentes e dissidentes em potencial). Ter conhecimento disso é útil para estabelecer a dinâmica nos locais de intervenção, e isso deve ser usado para priorizá-los.

3.5.4 PRIORIZANDO INTERVENÇÕES

É uma boa prática dar combate à armadilha *woke* sempre que você se deparar com ela. No entanto, nem todas as situações envolvem uma ameaça *woke*, e nessas situações não há nada que tenha de ser combatido mesmo que você esteja presente. Da mesma maneira, existem locais nos quais as intervenções podem ter impacto irrelevante. A verdade é que você não conseguirá intervir em todos os lugares. Sendo assim, é importante dar prioridade (de maneira colaborativa, se possível) aos locais nos quais as intervenções de dissidentes serão provavelmente mais eficazes. Eis aqui algumas observações úteis para se ter em mente no momento de dar prioridade às intervenções.

Prioridade nº 1 — Contratação de professores. Levando-se em conta que os professores trabalham durante muito tempo e que permanecem em sua carreira ao longo de todas as administrações universitárias, eles têm muito poder sobre a direção de longo prazo da universidade. Portanto, é da mais alta prioridade se envolver em todos os estágios de contratação (descrição da posição, comitê de contratação etc.).

Se tiver pouca munição, não desperdice. Quanto mais aliados você tiver, mais poderá coordená-los, e mais situações de intervenção você poderá cobrir. Quanto

COMO DESARMAR A CULTURA *WOKE*

menos aliados tiver, mais criterioso terá de ser na escolha das suas intervenções. Se você e seus aliados estiverem em número reduzido, não se espalhem demais. É questão de recursos humanos.

Priorize situações de maior impacto. Na Seção 3.2, que aborda a resistência à armadilha *woke* de maneira geral, sugeri que se buscasse alcançar os pontos mais altos da cadeia de comando. Uma sugestão equivalente é que você deve priorizar situações que terão maior impacto. Em outras palavras: priorizar o corpo docente sobre o departamento, priorizar a universidade sobre o corpo docente, e assim por diante. Isso tem de ser ajustado em algumas circunstâncias, já que, por exemplo, quanto mais alto se sobe na administração, menos provável se torna a recusa de certas decisões. Esse é o caso das propostas de novas contratações de professores. Para novas contratações de professores, o departamento é o local de intervenção mais importante.

Priorize os comitês de pesquisa administrativa acadêmica. Tendo em vista que os administradores acadêmicos têm grande influência na direção que as universidades tomam, e considerando que os processos de nomeação pedem a participação do corpo docente, são oportunidades acessíveis e de grande impacto.

Priorize situações nas quais você possa fazer a diferença. Se em determinada situação houver apenas representação *woke*, pode ser inútil interferir nela. Você pode obter mais resultados em situações nas quais haja alguma representação *woke*, mas essa representação não seja hegemônica.

3.5.5 GARANTINDO REPRESENTAÇÃO DISSIDENTE

Identificar locais de intervenção significa identificar locais onde é proveitoso ter presença dissidente. Consequentemente, quando os locais são identificados a meta é garantir representação dissidente. Se já houver representação dissidente, porém, isso pode não ser necessário. Se não houver representação dissidente ou se não houver representação suficiente, a meta é assegurar que haja. Isso pode ser feito de algumas maneiras.

A representação dissidente pode ser você ou outros aliados dissidentes. Você pode se apresentar como voluntário se quiser representar a voz dissidente. Esse passo costuma ser simples, e no mais das vezes será aceito. Pode ser necessário algum esforço de pesquisa para descobrir a quem deve ser feita a solicitação. Em outros casos, nomeações para comitês (para a escolha de um reitor, por exemplo)

CONTRA O ESTRATAGEMA *WOKE*

podem exigir um voto formal. Se você quiser fazer parte de um desses comitês, articule-se com os seus aliados para que votem em você. Nomeações para esses cargos costumam depender de alguns votos somente, mesmo os do nível de corpo docente ou de universidade.

Se você não quiser ou não conseguir ingressar em determinado comitê de alta prioridade, articule-se com os seus aliados para garantir que os dissidentes sejam representados. Você e os seus aliados podem se coordenar a fim de sugerir dissidentes como membros de comitês. Você também pode votar em dissidentes, e ainda encorajar outras pessoas a votarem em dissidentes.

3.5.6 LIMITAR A REPRESENTAÇÃO DE PARTICIPANTES *WOKE*

Na maioria das vezes, assegurar a representação dissidente reduzirá a representação *woke*. Mas também é uma boa ideia trabalhar abertamente para diminuir a representação *woke*. É possível fazer isso desencorajando a inclusão de participantes *woke* em circunstâncias nas quais você ou aliados do *woke* possam exercer influência. Por via de regra, participantes *woke* tentam recrutar aliados *woke*. Se tentarem, você deverá argumentar contra a inclusão desses participantes, e deverá ter sempre uma alternativa a propor. Mesmo que não tentem, se participantes novos ou adicionais forem necessários para determinada situação, tenha sempre um candidato dissidente a propor (ver Seção 3.2.3) e esteja pronto para argumentar em defesa da sua inclusão. Se um participante *woke* ameaçar fazer uma saída dramática (ver Seção 2.4.5), é preciso aproveitar essa oportunidade para limitar a representação *woke*. Deve-se aceitar a saída com sinceridade, e ao mesmo tempo deve-se expressar gratidão pela colaboração do participante que se desliga. Caso seja adequado, compensações podem ser oferecidas a título de indenização. Após a saída, é possível que haja tentativas de causar perturbação ou divisão no ambiente usando esse acontecimento como prova da natureza opressiva no local. Deve-se rechaçar essa tentativa com a argumentação de que o indivíduo resolveu sair apenas por se sentir frustrado.

3.6 SEMEANDO DÚVIDA SOBRE A PERSPECTIVA DA JUSTIÇA SOCIAL CRÍTICA

Quando você e seus aliados começarem a trabalhar juntos, uma das coisas mais úteis que podem fazer é semear entre seus colegas dúvida a respeito da perspectiva da Justiça Social Crítica.

COMO DESARMAR A CULTURA *WOKE*

O movimento denominado Justiça Social Crítica é caracterizado por extrema confiança moral; confiança de que a perspectiva da JSC é inegavelmente verdadeira, correta e justa. São poucas as chances de convencer o *woke* do contrário. Contudo essas chances aumentam quando se trata de dissidentes em potencial, de admiradores do *woke* ou de não iniciados de maneira geral. Algumas dessas pessoas se mostrarão céticas quanto à perspectiva da Justiça Social Crítica, mas não saberão por quê. Outras mostrarão simpatia pelas ideias de justiça social e talvez até usem palavras e expressões *woke*, apesar de não as compreender de fato. Porém é provável que elas não vejam ou não entendam o igualitarismo radical, antiliberal e punitivo da perspectiva da Justiça Social Crítica. Se for possível mostrar a essas pessoas o que essa visão de mundo representa, a sua disposição em aceitar essa perspectiva pode ser comprometida e/ou as suas dúvidas intensificadas. Justamente por esse motivo é importante que você diga algo quando vir algo; isso pode despertar dúvidas em pessoas que de outra maneira jamais darão ouvidos a comentários negativos a respeito da perspectiva da Justiça Social Crítica. Embora existam várias linhas de argumentação para serem utilizadas, é uma boa ideia tentar primeiro pacificar qualquer situação na qual você queira semear a dúvida.

3.6.1 PACIFICANDO A SITUAÇÃO

Quando se tenta semear a dúvida entre admiradores do *woke* e não iniciados, é comum partir diretamente para a argumentação contra a perspectiva da Justiça Social Crítica. O problema com essa abordagem é que, em virtude do atual clima beligerante em torno dessa questão, as pessoas muitas vezes reagem mal a qualquer crítica à perspectiva JSC, seja ela qual for. Muito rapidamente as pessoas podem pensar, sem nem mesmo entenderem por que, que qualquer crítica que você apresente a respeito dessa perspectiva o torna um reacionário, um racista, um supremacista branco ou qualquer outro epíteto negativo que salte à mente.

Sendo assim, é importante iniciar a apresentação de qualquer crítica com uma ou duas declarações introdutórias pacificadoras e um tom pacificador. É claro que você precisa acreditar nas declarações e deve evitar usar palavras *woke* (ver Seção 3.1.4 em palavras *woke*). Também é útil demonstrar simpatia para com a causa que se encontra em discussão, bem como camaradagem com o seu interlocutor. Para isso basta, por exemplo, começar com uma declaração como: "Do mesmo modo que vocês, eu não acredito que ninguém deva ser discriminado com base em X [por exemplo, sexo, cor da pele etc.]. Ao mesmo tempo, o que me preocupa a respeito de Y [a perspectiva da Justiça Social Crítica, a Teoria Crítica da Raça etc.] é…". Essa abordagem aumenta as chances de que as conversações comecem com o pé direito, e de que você consiga realmente semear dúvida. Isso feito, você pode prosseguir com algumas linhas simples de argumentação.

3.6.2 IGUALDADE DE OPORTUNIDADES × IGUALDADE DE RESULTADOS

Uma das linhas de argumentação é manifestar preocupação quanto à distinção entre igualdade de oportunidades e igualdade de resultados. Igualdade de oportunidades é uma meta fundamental do liberalismo tradicional, e uma meta em favor da qual o movimento dos Direitos Civis lutou e obteve êxito. Isso significa que ninguém deveria ser impedido de perseguir seus objetivos devido a sexo, cor da pele, gênero, orientação sexual, crença religiosa e assim por diante. Em outras palavras, todas as pessoas deveriam ser avaliadas com base em seus méritos. Isso é conhecido como "universalismo". Não significa que todos se tornarão médicos; significa, isso sim, que nenhum indivíduo capaz deveria ser impedido de ser médico devido à cor da sua pele, à sua orientação sexual etc.

A perspectiva da Justiça Social Crítica, por outro lado, defende a igualdade de resultados com base em identidade, isto é, em equidade. Isso porque, segundo a perspectiva da JSC, qualquer diferença nos resultados observáveis de acordo com identidade é causada por intolerância. Dessa forma, a perspectiva da JSC defende a promoção intencional de algumas identidades ("historicamente oprimidas") em prejuízo de outras, e também defende a discriminação implícita e explícita contra outras identidades ("historicamente opressoras"). Nas palavras de Ibram X. Kendi, nome mais frequentemente citado no campo da Teoria Crítica da Raça, "A única solução para a discriminação passada é a discriminação presente. A única solução para a discriminação presente é a discriminação futura" (Kendi, 2019). Os tipos de discriminação geralmente defendidos são cotas ou padrões de avaliação rebaixados para identidades-alvo. Essa discriminação é também frequentemente apresentada como algo justificável porque supostamente serve de "reparação" por injustiças históricas e envolve culpar membros contemporâneos de "identidades opressoras" por injustiças cometidas por outras pessoas. Existem inúmeros motivos para expressar preocupação a respeito dessa ética igualitária radical.

3.6.3 A EQUIDADE É DEMASIADO SIMPLISTA

A ideia de equidade é simplista ao extremo. Muitos fatores afetam resultados na vida. Supor que *qualquer* diferença no resultado ocorre por intolerância é sujeitar um grande número de fatores a uma explicação tosca e obtusa. Essencialmente, podemos considerar isso um "truque de equidade" que equivale a comparar igualdade de oportunidades com igualdade de resultados.

3.6.4 A PERSPECTIVA DA JUSTIÇA SOCIAL CRÍTICA É DISCRIMINATÓRIA

Naturalmente, a distribuição de recursos de acordo com a identidade é discriminatória por definição. Quando é feita com base na cor da pele, ou na "raça", ela é racista em si mesma. Por esse motivo, a Justiça Social Crítica é cada vez mais conhecida como "neorracista". Quando a distribuição de recursos é feita com base em sexo, ela é sexista em si mesma; e assim por diante.

3.6.5 INCLUSÃO GERA EXCLUSÃO

"Inclusão" é uma palavra que soa muito bem, mas a verdade é que a "inclusão" que resulta na distribuição de recursos de acordo com identidade significa automaticamente a distribuição de menos recursos a todas as outras identidades. Portanto, inclusão produz exclusão. A inclusão também pode servir como justificativa para a remoção ou a eliminação de identidades consideradas "opressoras" ou super-representadas.

3.6.6 HISTÓRICO RUIM

É útil destacar que existem muitos exemplos históricos de discriminação de acordo com identidade de grupo, e que esses exemplos foram desastrosos. Há um sem-número desses exemplos. A morte de centenas de milhões de pessoas na União Soviética e na China Comunista, sem mencionar o Holocausto judeu, representam alguns exemplos horríveis disso. É preciso explicar que tais atrocidades costumam ser justificadas como moralmente corretas, no início, e muitas vezes se tornam pavorosas rapidamente, se não inesperadamente.

3.6.7 UM ERRO NÃO JUSTIFICA O OUTRO

Essa discriminação é defendida para que erros históricos sejam corrigidos. Embora possa soar virtuoso, isso claramente desafia as noções mais básicas de justiça ensinadas até mesmo a crianças. Nós ensinamos às crianças que um erro não justifica o outro porque compreendemos o risco de uma escalada de conflito e de injustiça.

3.6.8 A ANTÍTESE DA REGRA DE OURO

A Regra de Ouro, máxima da maioria das religiões e culturas, ensina que devemos tratar os outros da mesma maneira que esperamos que os outros nos tratem. Distribuir recursos com base em identidade é flagrantemente contrário a essa regra. Também é interessante observar que essa máxima, de acordo com a perspectiva da Justiça Social Crítica, pode ser considerada uma mera regra originada da cultura ocidental opressora, e tem como objetivo ajudar na perpetuação das estruturas de poder ocidentais opressoras. O fato de que essa máxima está presente na maioria das religiões espalhadas pelo mundo evidencia com clareza que tal alegação é enganosa.

3.6.9 RESTRINGIR O NÚMERO DE CANDIDATOS PODE REBAIXAR OS PADRÕES

Contratar com o uso de cotas necessariamente reduz o tamanho das listas de candidatos. Isso acaba diminuindo as chances de que o melhor candidato seja encontrado. Isso não tem nenhuma relação com a qualidade dos candidatos visados pela cota. É estatística pura e simples, com a diminuição do número de candidatos diminuem as chances de se encontrar o melhor candidato.

3.6.10 O RISCO DE PERPETUAR A DISCRIMINAÇÃO

Realizar contratações por cota, por discriminação positiva ou por ação afirmativa aumenta a probabilidade de que as pessoas duvidem das qualificações dos que foram contratados. Isso pode levar as pessoas a dizerem coisas como "João foi contratado por causa da sua identidade 'x' apenas". Isso pode causar um efeito contrário ao desejado e se mostrar destrutivo em um ambiente de trabalho.

3.6.11 O RISCO DE QUE O CRITÉRIO DA "DIVERSIDADE" MINE A AUTOCONFIANÇA DE CANDIDATOS QUALIFICADOS

A distribuição de recursos conforme a identidade pode ter uma consequência inesperada: minar a confiança de candidatos selecionados com base em habilidade ou mérito, mas que são integrantes das identidades "contempladas". Esses candidatos podem se afligir a respeito da legitimidade da sua posição e até serem afetados pela síndrome do impostor, atormentados pelo pensamento de que foram selecionados apenas com base em sua identidade.

3.6.12 PENALIZAR UM INDIVÍDUO POR PERTENCER A DETERMINADO GRUPO

Penalizar um indivíduo por ações realizadas por outras pessoas que compartilham com esse indivíduo a mesma identidade é flagrantemente discriminatório. Porém é muito importante frisar que isso vai contra a tradição liberal que reconhece os direitos, as liberdades e responsabilidades individuais, que os indivíduos são responsáveis por suas próprias ações e não pelas ações de outros.

3.6.13 A JUSTIÇA SOCIAL CRÍTICA É ANTIRREALISTA, ANTICIÊNCIA E ANTICIENTÍFICA

Essa linha de argumentação é mais eficaz com pessoas ligadas à ciência, embora também possa surtir efeito em pessoas de outras áreas. Tratei desse assunto na Seção 3.4.1 sobre fazer contato com aliados em potencial, então não entrarei em detalhes sobre esse ponto agora. Dito isso, vale a pena comunicar às pessoas que não estão familiarizadas com a perspectiva da Justiça Social Crítica o que essa perspectiva em si mesma conclui sobre conhecimento e sobre o que nós podemos conhecer. Esse problema se torna mais extremo quando consideramos as implicações da perspectiva para a ciência.

A perspectiva da JSC é definitivamente cética em relação à autoridade da ciência como forma de conhecer a realidade. Segundo essa perspectiva, a ciência não pode conhecer a natureza da realidade e não tem mais autoridade sobre a natureza da realidade do que a religião ou a superstição — não passa de uma "história" entre várias outras a respeito da realidade. Como se não bastasse, essa perspectiva considera a ciência inerente e irremediavelmente racista porque foi desenvolvida sobretudo por homens europeus brancos. Isso, ainda segundo a perspectiva da JSC, se deve ao fato de que a ciência foi planejada para favorecer os seus criadores em prejuízo daqueles que eles desejavam dominar e oprimir. Em resumo, a perspectiva da Justiça Social Crítica se empenha em desacreditar e desmantelar a ciência. Por fim, todas essas afirmações sobre ciência são quase totalmente teóricas. Elas são baseadas em alegações e interpretadas como doutrina.

3.6.14 COMO SEMEAR A DÚVIDA

É possível semear a dúvida em pelo menos dois contextos diferentes. Um deles é o contexto descrito na Seção 3.3 sobre identificar aliados. É provavelmente o melhor contexto para se semear a dúvida. Envolve se reunir individualmente com

CONTRA O ESTRATAGEMA *WOKE*

pessoas durante uma refeição ou um café. Também se pode semear a dúvida ao longo de reuniões, e pode-se integrar essa atitude ao ato de dizer algo sempre que você vir algo (ver Seção 3.2.1). Esse último contexto é um pouco mais difícil de controlar; se for necessário resolver outras coisas no decorrer da reunião, o processo de semear a dúvida pode ser truncado, menos eficaz e menos previsível.

3.7 FORMALIZANDO REUNIÕES

Uma tática fundamental empregada por adeptos do *woke* para fazerem investidas e ganharem espaço nas universidades é insistir na informalidade de modo geral, e em reuniões de tomada de decisão em particular (ver Seção 2.4.1). O resultado são reuniões com menos estrutura e com tomada de decisão informal. A informalidade é explorada por adeptos do *woke* de diversas maneiras. Eles podem dominar a agenda. Isso pode ser feito para surpreender as pessoas e aprovar coisas do interesse deles com pouco ou quase nenhum exame. Eles podem acrescentar itens para debate a fim de atrasarem os trabalhos propositalmente e evitarem que outras coisas (das quais eles não gostam) sejam discutidas. Por fim, a informalidade pode ser explorada para ameaçar, intimidar e forçar decisões que eles defendem. A hostilidade em relação ao voto secreto, por exemplo, e a insistência no "consenso" causam constrangimento e desestimulam a divergência. Por isso, é importante impedir que essas táticas ocorram. Muitas coisas podem ser feitas para formalizar reuniões a fim de ter proteção contra a armadilha *woke*.

3.7.1 OFERECER-SE PARA CONDUZIR REUNIÕES

Se for possível, o melhor modo de insistir que haja formalidade nas reuniões é presidi-las você mesmo. Essas são reuniões às quais você terá de comparecer de qualquer maneira, portanto presidi-las implica um pouco mais de responsabilidade.

3.7.2 GARANTA QUE OS PROCEDIMENTOS DE VOTAÇÃO ESTEJAM EM ORDEM

Devem existir regras formalizadas para a tomada de decisão, e tanto quanto possível as decisões devem ser tomadas por voto (secreto). Se você estiver presidindo, poderá colocar as questões em votação. Não tenha receio de fazer isso, mesmo que as pessoas lancem objeções. Se você não estiver presidindo, peça ao presidente que coloque em votação as decisões adequadas. (Ver Seção 3.9 para mais detalhes sobre o voto secreto.)

3.7.3 ASSEGURE-SE DE QUE HAJA UMA AGENDA

Para evitar temas inesperados, é fundamental ter uma agenda[6] para a reunião. Se você estiver presidindo uma reunião, pode garantir que haja uma agenda. Se não estiver, peça ao presidente que providencie uma.

3.7.4 ESTABELEÇA ANTECIPADAMENTE A AGENDA

Se você estiver presidindo a reunião, elabore a agenda você mesmo. Você deve distribuí-la com antecipação e solicitar sugestões. É recomendável determinar um prazo para o acréscimo de itens à agenda. Também é recomendável ter na agenda o item "Outros assuntos". Isso será útil caso as pessoas tentem acrescentar itens no último instante. Todo item proposto depois do prazo final terá lugar em "Outros assuntos". Se você não estiver presidindo a reunião, solicite ao presidente uma agenda o mais rápido possível/aceitável antes da reunião. O importante é ter a agenda antecipadamente.

3.7.5 DEFINA TEMPOS DE DURAÇÃO PARA OS ITENS DA AGENDA

Para evitar prolongamento desnecessário da discussão em torno de algum tema, é importante que cada item tenha um intervalo de tempo definido para ser tratado. A quantidade de tempo reservada a cada item deve ser suficiente para que a discussão se desenvolva, mas não deve ser ultrapassada. Se o tempo estiver se esgotando, os participantes devem ser avisados disso. Se você estiver presidindo, pode fixar tempos para cada item. Se não estiver, peça ao presidente para providenciar isso. Você pode sugerir ao presidente intervalos de tempo para cada item.

3.7.6 ATENHA-SE À AGENDA

Os participantes da reunião devem concordar com os itens da agenda e com o tempo a ser dedicado a esses itens. Se isso não acontecer, os participantes *woke* poderão alegar que não haviam concordado antes com o tempo estabelecido e insistirão em desrespeitar esse tempo quando desejarem.

3.7.7 ENCERRAR, DECIDIR OU ADIAR

No final do tempo designado para um item, um de três caminhos deve ser seguido. Se foi apenas um item informativo, a discussão deve ser encerrada. Se o item exigir uma decisão, uma decisão deve ser tomada ou o item deve ser adiado para

CONTRA O ESTRATAGEMA *WOKE*

outra reunião. Decisões devem ser tomadas por voto (secreto) formal (ver Seção 3.9). Discussões adicionais devem ser desencorajadas. Se alguém insistir em estender a discussão, a extensão deve ser considerada uma moção e votada.

3.7.8 IDENTIFIQUE DOCUMENTOS RELEVANTES NA AGENDA

Certifique-se de que todo documento relevante para as discussões seja identificado na agenda. O mesmo prazo para acrescentar itens deve ser utilizado para documentos relevantes. Documentos relevantes devem ser distribuídos junto com a agenda.

3.7.9 REGISTRANDO E DISTRIBUINDO A ATA DA REUNIÃO

Uma vez concluída a reunião, é importante ter uma ata da reunião. É de grande importância que as decisões sejam registradas, e o ideal é que as discussões associadas às decisões também sejam registradas. Se você estiver presidindo a reunião, é melhor que você mesmo (ou um aliado) faça a ata, a fim de assegurar um registro preciso de informações. É melhor produzir e distribuir a ata com rapidez (dentro de um ou dois dias) após a reunião. Evite permitir que os participantes *woke* elaborem a ata. Se você não presidir a reunião, peça a ata para o presidente. Se você receber a ata, examine-a e solicite mudanças se ela não refletir a sua compreensão da reunião. Evidentemente, você pode também se oferecer como voluntário para elaborar a ata.

3.8 ESTRATÉGIAS PARA FACILITAR A DISSIDÊNCIA DO ESTRATAGEMA *WOKE*

Existem três categorias gerais de táticas *woke*: subterfúgio, apoio excessivo e eliminação da dissidência (ver Seção 2.5). As táticas que eliminam a dissidência tiram das pessoas a disposição para opinar sobre as investidas *woke*, e para fazer oposição a essas investidas. São táticas de intimidação em sua maioria. Nesta seção eu abordo duas táticas que podem ser usadas como reação à eliminação da dissidência no contexto de reuniões.

3.8.1 PERMITINDO SUGESTÕES ANÔNIMAS

A ética, o sentimento extremo de superioridade moral e as táticas de intimidação *woke* podem tornar bastante desagradável para as pessoas desafiar as investidas *woke* ou se opor a elas, por mais modestos, bem-intencionados ou bem

COMO DESARMAR A CULTURA *WOKE*

embasados que sejam esses atos de oposição. Sendo assim, é comum que as pessoas acabem se calando diante dos avanços *woke*. Uma tática para fazer frente a isso e encorajar as pessoas a expressarem sua opinião é permitir-lhes a oportunidade de dar sugestões anonimamente. Existem várias maneiras de fazer isso. Se você estiver presidindo uma reunião, procure incorporá-las. Se não estiver, peça ao presidente que as incorpore.

CAIXAS DE SUGESTÕES
Trata-se de um método simples de executar e que requer alguma organização. Pode funcionar bem se as agendas forem distribuídas antes das reuniões. Sabendo o que será discutido, as pessoas podem encaminhar comentários antecipadamente. As sugestões podem ser lidas pelo presidente durante a reunião.

INTERAÇÃO ELETRÔNICA DOS OUVINTES
Devido à covid, muitas coisas foram feitas *on-line*, e muitas pessoas se habituaram à participação eletrônica em reuniões. Serviços como o "slido"[7] podem tornar isso bastante fácil. Além disso, podem permitir a participação anônima. É importante lembrar que tais abordagens também podem ser utilizadas pessoalmente.

VOTO SECRETO
As mesmas razões que justificam a importância de permitir sugestões anônimas servem para o voto secreto. Porém o voto secreto é ainda mais importante, já que é por meio de votação (formal ou informal) que as decisões são tomadas de fato. Desse modo, o voto secreto é a mais importante iniciativa que pode ser usada para permitir a dissidência. Para que o voto secreto funcione é preciso garantir que a tomada de decisão seja formalizada por meio de votos, e que seja impossível saber como cada pessoa vota. Eu fiz um resumo de boas práticas para a votação secreta numa seção dedicada ao assunto (Seção 3.9, mais adiante). Como no caso das sugestões anônimas, existem duas opções principais. Se você estiver presidindo uma reunião, deve tentar incorporar o voto secreto. Se não estiver, deve pedir ao presidente que o faça.

Cédulas de papel: É uma solução de execução simples. Pode ser sincrônica (feita em tempo real), mas é mais fácil de administrar de maneira não sincrônica.

Votação eletrônica: Com a covid e o aumento das reuniões *on-line* surgiram mais opções para facilitar esse recurso. O aplicativo Zoom, por exemplo, pode ser usado para uma votação virtual durante uma reunião. Pode ser parametrizado para que nem os participantes nem o servidor saibam como as pessoas votaram. Existem

CONTRA O ESTRATAGEMA *WOKE*

também todos os tipos de opções não sincrônicas de votação *on-line*, como a electionrunner.[8] Alguns desses serviços são gratuitos e outros são pagos. Há uma enorme quantidade de informação para ajudá-lo a decidir o que é melhor para você.[9]

3.9 VOTO SECRETO PARA COMBATER O ESTRATAGEMA *WOKE*

É importante entender que quando decisões em grupo são tomadas nas universidades, isso quase sempre é feito de forma implícita ou explícita por meio do voto. Na maioria das situações, as votações são informais. Além disso, considerando que mesmo os acadêmicos tendem a evitar o conflito, as investidas *woke* são feitas em um processo de três etapas: proposta, apoio e aceitação. Em outras palavras, uma investida *woke* é proposta. Essa proposta é então apoiada (manobra que costuma ser acompanhada de uma boa dose de retórica moral idealista) por pelo menos mais um participante *woke*.

Esse processo funciona principalmente porque os participantes não *woke* nada dizem na maioria das vezes. Em parte, isso acontece devido a um clima de intimidação *woke* (ver Seção 2.4.2), e também devido aos não *woke* que costumam se convencer de que a investida é modesta e no longo prazo se tornará insignificante. No final, os participantes *woke* concordarão que foi obtido consenso e que a proposta foi unanimemente aceita. E a proposta acaba passando. Em circunstâncias nas quais os participantes *woke* não são a maioria, o voto secreto é a chave para barrar esse processo. Isso impede que os participantes *woke* intimidem outros participantes e eliminem a oposição a seus avanços. É por esse motivo que os participantes *woke* se opõem com tanto empenho à votação secreta. É importante notar que a votação secreta é também fundamental para se ter certeza de que os *woke* não se tornarão maioria. Por essa razão, é essencial instituir o voto secreto.

3.9.1 AS VOTAÇÕES SECRETAS IDEAIS

O voto secreto existe para algumas circunstâncias em todas as universidades. É o voto que normalmente se reserva para decisões "mais importantes". Às vezes ele é institucionalizado para decisões especiais por meio de acordos coletivos ou de política universitária. Contudo, de maneira geral poucas decisões são tomadas por votação secreta, mas muitas são tomadas por meio de votação informal. Existem duas dimensões características da votação secreta, as quais ajudam a entender a votação secreta ideal, como as votações são postas em funcionamento e quais decisões exigem voto.

Acionador não discricionário. Em condições ideais, as circunstâncias sob as quais as decisões são submetidas à votação secreta devem ser formalizadas (registradas) e ser não discricionárias. Se forem discricionários de tal maneira que sejam, por exemplo, acionados por um pedido, a intimidação *woke* causará "calafrios" na votação secreta. Sendo assim, é melhor ter regras claras para o uso do voto secreto.

A maior abrangência possível. Em condições ideais, o maior número possível de decisões deve ser submetido à votação secreta. Isso garantirá um grande nível de resiliência em sua instituição.

3.9.2 COMO INSTITUIR A VOTAÇÃO SECRETA

Instituir votação secreta abrangente e não discricionária nem sempre é tarefa fácil, mas trará compensação a longo prazo. Para instituí-la, é preciso uma manobra de ataque e uma de defesa. A de ataque requer que se introduza de maneira gradual uma cultura de votação secreta. A de defesa requer reação à resistência.

INTRODUZINDO UMA CULTURA DE VOTAÇÃO SECRETA

Instituir o voto secreto pode ser fácil, mas também pode encontrar resistência entre *wokes* e não *wokes* igualmente. Por isso é necessário avaliar a melhor maneira de incutir uma cultura de voto secreto. A melhor forma é fazer isso gradualmente, ainda que leve mais tempo. Se você for o presidente de um órgão de tomada de decisão, pode introduzir a votação secreta no processo de tomada de decisão. (Essa é outra boa razão para ser presidente). Se não for, você pode solicitar ao presidente que faça isso para determinados tipos de decisão. É recomendável que se comece com decisões não controversas de baixo risco. Ter esses votos iniciais acostumará as pessoas ao processo e lhe permitirá encontrar a melhor maneira de organizá-los (existem várias maneiras de organizá-los; veja a Seção 3.9). Quando as pessoas começarem a se acostumar a esse processo, você pode tentar formalizar procedimentos de votação secreta. A ideia é que se adote a votação de modo gradual, com acionamentos claros e não discricionários cobrindo a gama mais ampla possível de decisões ao longo do tempo.

PREPARAÇÃO PARA ENFRENTAR A RESISTÊNCIA

Os motivos para resistir à votação secreta serão diferentes para tipos diferentes de participantes. Você deve se preparar para isso. A primeira coisa é ser capaz de explicar as vantagens da votação secreta.

CONTRA O ESTRATAGEMA *WOKE*

EXPLICANDO POR QUE A VOTAÇÃO SECRETA É IMPORTANTE

O melhor argumento a favor da votação secreta (que também é verdadeiro) é que a votação secreta permite que as pessoas relutantes (por se sentirem intimidadas, por exemplo) em expressar opiniões ou preocupações tenham algo a dizer na tomada de decisão. Isso pode se justificar no caso de um professor júnior, por exemplo, que pode temer complicações em sua estabilidade no cargo por se expressar publicamente sobre determinadas questões. A votação secreta também é defendida por permitir que minorias "historicamente oprimidas" tenham algo a dizer na tomada de decisão. No final das contas, a votação secreta permite que todos tenham voz na tomada de decisão, e é a base da democracia. Isso pode ser acrescentado como resposta a qualquer crítica do tipo "Não vale a pena que 'X' garanta que a voz de todos seja ouvida?".

RESPOSTAS PARA CRÍTICAS COMUNS

Além de explicar as vantagens da votação secreta, você desejará ter respostas prontas para críticas comuns que provavelmente serão feitas contra o voto secreto.

É demorado demais. Essa objeção virá mais provavelmente de participantes não *woke*. Você pode responder argumentando que vale a pena esperar um pouco mais de tempo se isso permitir que todos possam se manifestar. Com a disponibilidade cada vez maior de votação eletrônica sincrônica e não sincrônica, esse argumento torna-se praticamente obsoleto.

Isso encurta a discussão. Trata-se de um argumento falacioso, mas será usado. Uma forma de responder a isso é argumentar que um amplo intervalo de tempo será destinado à discussão (é importante reservar tempo para discussão nas agendas a fim de garantir a veracidade dessa afirmação). Além disso, você pode dizer que para estimular e alimentar a discussão métodos eletrônicos anônimos como "slido"[10] podem e devem ser usados. Isso reforça a necessidade da disponibilidade do anonimato e também promove mais discussão. Por fim, você pode dizer que em algum momento a discussão tem de se encerrar para que uma decisão seja tomada.

É desagregador demais. Confesso que essa crítica não faz muito sentido para mim, mas preciso ouvi-la. A melhor resposta é simplesmente pedir ao crítico que considere se não é mais desagregador as pessoas acreditarem que não podem ter voz.

É uma ferramenta de domínio. Essa crítica busca deslegitimar a votação secreta com a teoria da Justiça Social Crítica, sustentando que o voto secreto é inerentemente racista, sexista etc. porque foi desenvolvido na civilização ocidental. Esse argumento também é falacioso. Uma resposta bastante extensa poderia ser dada, abarcando muitos argumentos mencionados ao longo deste livro. Talvez a melhor delas seja simplesmente a menção de que a votação secreta é o pilar principal de nossas democracias e possibilitou a criação das sociedades pacíficas e prósperas em que vivemos.

É binária demais. Essa também é uma reação inspirada na Justiça Social Crítica. Isso significa que a classificação (nesse caso entre "sim" e "não") é um exercício de poder e um resultado injusto. A resposta mais simples a isso é que em algum momento teria de ser tomada uma decisão binária, e que a votação secreta é a melhor alternativa para assegurar que todos possam se expressar e ser ouvidos.

Existem outras tradições de tomada de decisão que podem ser usadas. Isso costuma envolver uma crítica de métodos ocidentais de tomada de decisão (que seriam confrontadores demais), e que métodos de outras culturas (não ocidentais) podem ser empregados. Esses métodos muitas vezes envolvem diferentes maneiras de produzir estímulo e discussão. Para responder a essa crítica você pode dizer que nada impede que esses métodos sejam incorporados, mas no final das contas uma decisão tem de ser tomada e a votação secreta é o melhor sistema para garantir que todos sejam ouvidos (estou parecendo um disco riscado!).

3.10 CERTIFIQUE-SE DE QUE A VOTAÇÃO SECRETA SEJA TRANSPARENTE, LIVRE E JUSTA

Para ser eficaz no combate à armadilha *woke*, a votação secreta tem de ser transparente, livre e justa. Ser transparente nesse caso significa que as regras quanto à forma de votar devem ser bem definidas e conhecidas com antecipação. Deve ser livre, isto é, as pessoas terão liberdade para votar como desejarem, sem serem influenciadas pela vontade de ninguém. Para que essa liberdade seja garantida, portanto, as pessoas precisam se sentir confiantes de que seu voto é de fato anônimo. E que seja justa significa que os protocolos sejam seguidos e nem os votos nem os resultados sofram manipulação. Quando for necessário e útil, é importante que haja uma pessoa responsável por cuidar da votação, da compilação do resultado e do relatório.

3.10.1 PROTOCOLOS DE VOTAÇÃO

Ter protocolos de votação significa ter regras que estabelecem quando e como os votos são acionados, quem pode votar e como os votos são organizados. O mais indicado é que os protocolos sejam escritos e formalmente aceitos.

3.10.2 ACIONADORES DE VOTAÇÃO

Como regra geral, os votos devem ser acionados automaticamente para não ficarem à mercê de desmotivação ou de anulação. A desmotivação e a anulação podem ocorrer quando a intimidação é usada para impedir a votação secreta formal. É mais indicado também que os acionadores sejam programados para permitir mais do que alguns poucos votos. Quanto mais votos forem obtidos por votação secreta, mais resistente a sua instituição será à armadilha *woke*.

3.10.3 ELEITORES

Seja qual for a situação, a lista de eleitores deve ser conhecida de antemão. Isso variará conforme o contexto, mas é importante que o universo de eleitores seja predefinido. Em algumas circunstâncias, somente os votos do corpo docente serão válidos; em outras, estudantes ou representantes de grupos também serão válidos. Algumas vezes, apenas os votos dos que estiverem presentes em dada situação (por exemplo, uma reunião de departamento) serão válidos, e outras vezes a posição será suficiente (por exemplo, professor). O universo de eleitores não deve ser flexível demais, sob pena de ser manipulado de modo desonesto ou de haver dificuldade para se estabelecer a qualificação para o voto (por exemplo, o súbito aparecimento de muitos participantes exigindo um voto).

3.10.4 ORGANIZAÇÃO ELEITORAL

Um aspecto essencial da organização eleitoral é ter um escrutinador sempre que possível. O ideal seria que esse escrutinador fosse independente da decisão a ser tomada. Nem sempre isso é viável, e com os avanços em tecnologia é cada vez mais desnecessário. A organização eleitoral é muito influenciada pelas opções tecnológicas disponíveis.

Votação eletrônica. A votação eletrônica pode ser feita de modo sincrônico (por exemplo, no Zoom) ou não sincrônico (por exemplo, no electionrunner[11]). As opções eletrônicas que permitem o voto anônimo devem ser sempre usadas. Da mesma maneira, opções que anunciam os resultados (evitando que tenham de passar por um intermediário, tal como um presidente) também devem ser utilizadas sempre.

Votação em papel. Quando a votação em papel é utilizada, várias opções ficam disponíveis. Evidentemente, as melhores opções são as que asseguram o anonimato e diminuem a possibilidade de manipulação de voto. No que diz respeito a anonimato, a melhor escolha é a votação em envelope duplo. Nesse caso, cada eleitor recebe uma cédula e dois envelopes. As cédulas devem ser desenhadas para ser preenchidas apenas com uma marca ou "X" e não devem exigir nenhum escrito. As cédulas são colocadas por cada eleitor dentro de um envelope anônimo. O envelope anônimo é então colocado dentro de um segundo envelope que traz o nome impresso do eleitor e a sua assinatura.

A melhor prática na compilação de votos é fazer isso publicamente e durante a reunião ou assembleia. Em primeiro lugar, é preciso confirmar que todos os envelopes são de eleitores válidos. Então esses envelopes são abertos, e os envelopes anônimos são separados. Por fim, os envelopes anônimos são abertos e contados. Assegure-se de que a quantidade necessária de cédulas e envelopes esteja preparada e disponível com antecedência. Se a contagem pública de votos não for usada ou não for possível, é melhor que essa tarefa fique a cargo do escrutinador e que seja permitido aos membros votantes acompanhar a contagem de votos.

Prazos fixos para votação não sincrônica. Se a votação não sincrônica tiver de ser usada, é importante estipular um prazo final para o recebimento dos votos e definir que os votos que chegarem depois do prazo final não serão contabilizados.

3.11 COMO GANHAR UMA VOTAÇÃO

Nesta seção veremos como aumentar a probabilidade de proteger os votos contra as manobras *woke*. Isso basicamente se resume a garantir que as decisões se encaminhem para uma votação formal (secreta) e que você tenha a maioria dos votos. O contexto desta seção é evitar uma tentativa de investida *woke* quando uma decisão coletiva está sendo tomada (por exemplo, em uma reunião de departamento). Isso pode ser utilizado também para estabelecer decisões ou políticas para impedir futuras investidas *woke*.

CONTRA O ESTRATAGEMA *WOKE*

Certifique-se de que um protocolo de votação esteja em vigor. Tendo em vista que a maioria das decisões nas universidades são tomadas de maneira formal ou informal por voto, é importante ter certeza de que um protocolo de votação (secreta) esteja em vigor (ver Seção 3.9). Essa será a garantia de que quando uma decisão final for tomada, isso será feito por votação. Uma votação secreta impedirá que os participantes *woke* intimidem outros participantes a votar de determinada maneira (ver Seção 3.10).

Saiba quem comparecerá e como votarão. É bom saber com antecedência, da melhor maneira possível, como as pessoas provavelmente votarão. Isso é útil sobretudo para ajudar a distribuir recursos. Não há necessidade de intervir se forem pequenas as chances de que uma votação favoreça um avanço *woke*. Se uma votação relacionada a um avanço *woke* estiver disputada, talvez seja possível interferir para garantir um resultado contrário a um avanço *woke*. Para avaliar os rumos da votação, algum trabalho braçal pode ser necessário. Você terá uma boa ideia de como votarão os *woke* e os dissidentes. Quanto aos outros, porém, isso pode ser menos evidente. É uma boa prática tratar da questão com pessoas cujas opiniões sobre a votação parecem hesitantes, a fim de ter uma ideia de como votarão.

Cative os indecisos. Caso a votação esteja disputada demais, você pode se aproximar de pessoas que pareçam indecisas a fim de aumentar as chances de um avanço *woke* não ser aprovado. Isso se assemelha a fazer contato com um aliado em potencial. A ideia é que você explique a essas pessoas, num contexto *woke* mais abrangente, o que deve acontecer se a investida *woke* tiver êxito. Isso exigirá que faça um resumo da concepção de mundo *woke* (ver Seção 1.2) e explique por que a investida em questão é uma tentativa de implantar, ou de implantar ainda mais, essa concepção de mundo.

Reúna as tropas. Em votações renhidas, certifique-se de que aliados e pessoas que provavelmente votarão contra um avanço *woke* saibam sobre a votação, e encoraje-os a estarem presentes.

Trabalhe para estar sempre em maioria. Essa é uma estratégia de longo prazo e está associada a garantir representação dissidente (ver Seção 3.5.5). A ideia é assegurar que o maior número de locais de tomada de decisão tenha uma maioria de aliados e possa, assim, votar contra a armadilha *woke*.

CONCLUSÃO

Quando dei início a este projeto, pensei que seria mais rápido chegar a este estágio — o estágio de ter um manual contra a armadilha *woke*. Embora tenha levado mais tempo do que eu imaginava, consegui tratar dos tópicos que pretendia abordar quando comecei. Planejo atualizar o manual com o passar do tempo, e com sorte contarei com a colaboração de dissidentes do *woke* que leram este material e o consideraram útil.

Enquanto eu escrevia as postagens reunidas neste manual e aprendia mais sobre Justiça Social Crítica, entendi quão profundamente esse movimento está entranhado em nossas universidades. Quando comecei, vi o surgimento da perspectiva da Justiça Social Crítica nas universidades como um fenômeno relativamente súbito e recente. Evidentemente, eu sabia quem eram os principais precursores dessa perspectiva desde os meus anos de graduação, na década de 1990. Desse modo, quando iniciei o projeto, eu acreditava que a perspectiva e o seu movimento haviam nascido na década de 1990. À medida que aprendi mais sobre a Justiça Social Crítica, contudo, percebi que suas raízes se estendiam cada vez mais para trás no tempo. Agora reconheço que essas raízes são de fato bastante profundas. As primeiras raízes remontam pelo menos aos céticos gregos, e depois a Rousseau e sua proposta romântica de anti-Iluminismo. Essa tradição prosseguiu amplamente na Europa por meio de Kant, Hegel e Nietzsche até desembocar nos pós-estruturalistas mais comumente associados à "Perspectiva".

Eu me dei conta, entretanto, de que a perspectiva da Justiça Social Crítica se originou do casamento dessa tradição eventualmente niilista e de uma tradição mais voltada para objetivos que surgiu com Marx e chegou até nós trazida pelos teóricos críticos neomarxistas. Os pós-estruturalistas trouxeram a artilharia, e os teóricos críticos, o éthos. O reencontro dessas tradições no final dos anos de 1980 cristalizou a perspectiva e catalisou o movimento que hoje denominamos *woke*.

CONCLUSÃO

No Natal que antecedeu a publicação deste manual, eu li *The Closing of the American Mind*, de Allan Bloom. Eu situava as origens do movimento *woke* no início da década de 1990, mas, em seu livro, Bloom diz ter visto o mesmo movimento nos anos de 1960, movimento esse que teve seus próprios precursores na geração anterior. Buscando dar sentido a todas essas correntes e torrentes e fendas e raízes, não posso deixar de pensar que os nossos tempos são o resultado mais direto do esquema de Gramsci para a dilaceração e a cooptação das nossas instituições.

É por esse motivo que acredito que temos de reconhecer que a situação das nossas universidades não é consequência de 2020 (Black Lives Matter), nem do Politicamente Correto (1990), nem de Berkeley (1960), mas mais diretamente de Gramsci e seus *Cadernos do cárcere* (1930).

Toco nesse ponto para frisar que esse movimento tem vantagem sobre nós. Nós, que queremos colocar as universidades de volta em seu caminho — sua missão iluminista liberal e universal —, testemunhamos um esforço contínuo e antigo para sequestrar a universidade e torná-la subserviente a um ativismo moral antiliberal e anticientífico. Em vista disso, não podemos esperar que a correção dos rumos da universidade moderna seja feita com rapidez. Ao mesmo tempo, essa é uma tarefa possível, mas tem de ser executada como parte de um esforço coordenado de longo prazo. Espero que este manual — ao explicar a concepção de mundo que se tornou tão influente em nossas universidades, as táticas empregadas para exercer controle sobre elas e principalmente como desmascarar, neutralizar e desmantelar essas táticas — seja útil na longa marcha para devolver as universidades à sua missão de conhecimento e verdade.

AGRADECIMENTOS

Enquanto eu escrevia as postagens do blog que acabaram se tornando este livro, recebi comentários e apoio de várias pessoas às quais eu gostaria de agradecer aqui. Dorian Abbot, da Universidade de Chicago, forneceu muitas ideias para refutar os pontos de vista da Justiça Social em Perspectiva Crítica nas universidades, e eu incluí várias delas no livro. Lee Jussim, da Rutgers University, e Pedro Domingos, da Universidade de Washington, forneceram informações sobre as táticas de intimidação e gentilmente tuitaram as minhas postagens. Da mesma maneira, "Um Professor Estrangeiro" (@weowethedead no Twitter) deu-me boas sugestões no sentido de formalizar a tomada de decisões, e foi um apoiador assíduo do projeto. Naturalmente, foi uma grande satisfação para mim saber que James Lindsay, da New Discourses, inspirou-se com o projeto e concordou em colaborar e participar do livro.

REFERÊNCIAS BIBLIOGRÁFICAS

ABBOT, D. S. (2017). "More weight": An Academic's Guide to Surviving Campus witch Hunts. Disponível em: https://quillette.com/2021/02/05/more-weight-an-academics-guide-to-surviving-campus-witch-hunts/

BAHRO, R. (1984). *From Red to Green: Interviews with New Left Review*, Verso.

BARTHES, R. (1968). La Mort de l'auteur, *Manteia* 5: 12-17.

BEST, S. (1991). *Postmodern Theory: Critical Interrogations*, Macmillan International

HIGHER Education.

BLOOM, A. (2012). *The Closing of the American Mind: How Higher Education
Has Failed Democracy and Impoverished the Souls of Today's Students*, Edição do 25º aniversário, New Dimensions Foundation.

BOOKCHIN, M. (1982). *The Ecology of Freedom*, New Dimensions Foundation.

CARSON, R. (2002). *Silent Spring*, Houghton Mifflin Harcourt.

CRENSHAW, K. (1990). Mapping the Margins: Intersectionality, Identity Politics, and Violence Against women of Color, *Stan. L. Rev.* 43: 1241.

DOMINGOS, P. (2021). Beating Back Cancel Culture: A Case Study from the Field of Artificial Intelligence. Disponível em: https://quillette.com/2021/01/27/beating-back-cancel-culture-a-case-study-from-the-field-of-artificial-intelligence/

FAHS, B. e KARGER, M. (2016). Women's Studies as Virus: Institutional Feminism, Affect, and the Projection of Danger. *Multidisciplinary Journal of Gender Studies* 5(1): 929-957.

FREUDENRICH, C. e Kiger, P. J. (2020). How Viruses work. Disponível em: https://science.hows tuffworks.com/life/cellular-microscopic/virus-human.htm

GUTIÉRREZ, R. (2017). Why Mathematics (Education) was Late to the Backlash Party: The Need for a Revolution, *Journal of Urban Mathematics Education* 10(2).

HAIDT, J. (2012). *The Righteous Mind: why Good People are Divided by Politics and Religion*, Vintage.

HICKS, S. R. C. (2011). *Explaining Postmodernism: Skepticism and Socialism from Rousseau to Foucault*, edição ampliada, Ockham's Razor Publishing.

KAY, B. (2020). Learn from the Best while You Can. Disponível em: https://nationalpost.com/opinion/barbara-kay-learn-from-the-best-while-you-can

KENDI, I. X. (2019). *How to be an Antiracist*, One world, Nova York.

LEVIN, Y. (2013). *The Great Debate: Edmund Burke, Thomas Paine, and the Birth of Right and left*, Basic Books (AZ).

LINDSAY, J. (2020a). Critical Theories: A Virus on a Liberal Body Politic. Disponível em: https://newdiscourses.com/2020/03/critical-theories-virus-liberal-body-politic/

_____. (2020b). How the woke Virus Infects Academia and our Covid-19 Response. Disponível em: https://newdiscourses.com/2020/04/woke-virus-infects-academia-covid-19-response/

LUNDBERG, C. O. e KEITH, w. M. (2008). *The Essential Guide to Rhetoric*, 2. ed., Macmillan.

PINCOURT, C. (2021a). DEI: A Trojan Horse for Critical Social Justice in Science. Disponível em: https://merionwest.com/2021/04/08/dei-a-trojan-horse-for-critical-social-justice-in-science/

_____. (2021b). The Subject Principle in Critical Social Justice Thought. Disponível em: https://areomagazine.com/2021/03/17/the-subject-principle-in-critical-social-justice-thought/

PLUCKROSE, H. e LINDSAY, J. A. (2020). *Cynical Theories: How Activist Scholarship Made Everything about Race, Gender, and Identity — and why This Harms Everybody*, Pitchstone Publishing (US&CA).

SHACKEL, N. (2005). The Vacuity of Postmodernist Methodology, *Metaphilosophy* 36(3): 295-320.

NOTAS

1 CAPÍTULO 1

1. Disponível em: https://engineering.lehigh.edu/about/dei/strategic-plan
2. Disponível em: https://carleton.ca/coris/crc-equity-diversity-inclusion/

CAPÍTULO 2

1. Disponível em: https://newdiscourses.com/tftw-problematize/
2. Disponível em: https://podcasts.apple.com/us/podcast/stealing-motte-critical-socialjustice-principle-charity/id1499880546?i=1000473920836
3. Disponível em: https://www.webmd.com/mental-health/passive-aggressive-behavior-overview
4. Mas isso não está longe de acontecer. Veja por exemplo Gutiérrez, 2017.

CAPÍTULO 3

1. Disponível em: https://newdiscourses.com/
2. Disponível em: https://newdiscourses.com/translations-from-the-wokish/
3. Disponível em: https://newdiscourses.com/translations-from-the-wokish/
4. Disponível em: https://newdiscourses.com/translations-from-the-wokish/
5. Disponível em: https://newdiscourses.com/2020/05/stealing-motte-critical-social-justice-principle-charity/
6. Você pode baixar um modelo de agenda em: https://woke-dissident.github.io/images/agenda.pdf
7. Disponível em: https://www.sli.do/
8. Disponível em: https://electionrunner.com/
9. Ver, por exemplo, https://www.capterra.com/voting-software/
10. Disponível em: https://www.sli.do/
11. Disponível em: https://electionrunner.com/

ASSINE NOSSA NEWSLETTER E RECEBA
INFORMAÇÕES DE TODOS OS LANÇAMENTOS

www.faroeditorial.com.br

CAMPANHA

Há um grande número de pessoas vivendo com HIV e hepatites virais que não se trata. Gratuito e sigiloso, fazer o teste de HIV e hepatite é mais rápido do que ler um livro.

FAÇA O TESTE. NÃO FIQUE NA DÚVIDA!

ESTA OBRA FOI IMPRESSA
EM JULHO DE 2024